HEYNE

Das Buch

Dies ist der Schlüssel zu einem der populärsten spirituellen Büchern aller Zeiten – dem *Pfad des friedvollen Kriegers*. Endlich werden die Rätsel gelöst, die Dan Millmans Klassiker seinen Lesern hinterließ. Dieses neue Buch entwickelt die Botschaft von Dan Millmans geheimnisvollem Lehrer Sokrates weiter, im Sinne einer offenen, modernen Spiritualität für das neue Jahrhundert.

Hier geht es um lebenswichtige Themen für jeden von uns: Lebensziele finden, Liebe und Bindung, Spiritualität und Geld, Erfolg und Misserfolg, Körperbewusstsein und Gesundheit sowie vieles mehr. Im Mittelpunkt steht die Arbeit an sich selbst, um spirituelle Lebensqualität mitten im Alltag der modernen Welt zu verwirklichen.

Der Autor

Dan Millman war in jungen Jahren einer der besten Kunstturner Amerikas und später Coach von Spitzensportlern. Seit nunmehr fast zwanzig Jahren unterrichtet er eine ganzheitliche Form körperlich-geistiger Entwicklung, die er den »Pfad des friedvollen Kriegers« nennt. Seine Werke sind zu wahren Kultbüchern geworden und haben eine Auflage von mehreren Millionen in zweiundzwanzig Sprachen erreicht.

www.peacefulwarrior.com

DAN MILLMAN

Die Weisheit des friedvollen Kriegers

Von der Kraft, das Leben zum Positiven zu verändern

Aus dem Amerikanischen
von Karin Weingart

WILHELM HEYNE VERLAG
MÜNCHEN

Die Originalausgabe erschien 2006 unter dem Titel »Wisdom of the
Peaceful Warrior. A Companion to the Book that Changes Lives«
bei H. J. Kramer, P.O. Box 1082, Tiburon, California 94920, USA.

Penguin Random House Verlagsgruppe FSC® N001967

4. Auflage

Taschenbucherstausgabe 08/2011
Copyright © 2006 by Dan Millman
Copyright der deutschen Ausgabe © 2007 by Ansata Verlag, München,
in der Penguin Random House Verlagsgruppe GmbH
Copyright © 2011 dieser Ausgabe by Wilhelm Heyne Verlag, München,
in der Penguin Random House Verlagsgruppe GmbH,
Neumarkter Straße 28, 81673 München

Passagen aus dem *Pfad des friedvollen Kriegers*: © 1980, 1984, 2000
by Dan Millman, published by H. J. Kramer / New World Library
Passagen aus der deutschen Ausgabe *Der Pfad des friedvollen Kriegers*:
© 2000 by Ansata Verlag, München,
in der Penguin Random House Verlagsgruppe GmbH
Diese Passagen wurden aus dem Amerikanischen übersetzt
von Thomas Lindquist

Umschlaggestaltung: Guter Punkt, München
Umschlagmotive: © istockphoto / shutterstock
Herstellung: Helga Schörnig
Satz: Schaber Datentechnik, Austria
Druck und Bindung: GGP Media GmbH, Pößneck

ISBN 978-3-453-70172-4

www.heyne.de

Für alle, die durch die Dunkelheit gehen,
dem Licht entgegen,
um das Leben in seiner ganzen Tiefe auszuloten

Weisheit beginnt mit Staunen.
Sokrates (470–399 v. Chr.)

Inhalt

Einleitung

*Einem erleuchteten Geist erstrahlt die ganze Welt
in hellem Licht.*

Ralph Waldo Emerson

Stellen wir uns vor, ich wäre eines schönen Frühlings-
tages im Jahre 2006 aus reiner Nostalgie nach Berkeley
gefahren und hätte einen Spaziergang durch den Tilden
Park gemacht. Plötzlich wäre mein alter Mentor vor mir
aufgetaucht und hätte keinen Tag älter ausgesehen als
zu dem Zeitpunkt, als wir uns trennten.

Nehmen wir ferner an, er hätte ein Exemplar des
Pfades des friedvollen Kriegers in der Hand gehalten und
hätte gesagt: »Vieles hast du durchaus richtig verstanden, Dan, aber einiges ist doch ein bisschen unklar ge-
blieben. Setz dich, ich möchte dir noch ein paar Dinge
erklären.«

Natürlich hätte er damit wie üblich recht. Schließlich
entsprach ja alles, was ich gehört, erinnert und in dem
Buch erzählt hatte, meinem damaligen Bewusstseins-
stand.

Seit jener sternenklaren Winternacht im Jahr 1966,
in der wir uns zum ersten Mal begegneten, sind nun
schon mehr als vierzig Jahre vergangen. Das Buch *Der
Pfad des friedvollen Kriegers* wurde aber erst 1980 geschrieben. Ich berichte darin über die Erfahrungen und

Lektionen, die ich im Anschluss an unsere Begegnung machte und erhielt. Von den Episoden, die ich darin wiedergebe, haben sich viele tatsächlich so abgespielt, aber nicht alle. Doch die zeitlosen Lehren, die das Buch ausmachen, haben nichts von ihrem Wahrheitsgehalt verloren.

Die Weisheit des *Pfades des friedvollen Kriegers* ist nicht meine Weisheit, nicht einmal die von Socrates – sie gehört uns allen. Bereits in den Analekten des Konfuzius, in den Schriften Platos und Aristoteles' kamen diese Grundwahrheiten und Erkenntnisse zum Ausdruck, aber auch in den Lehren Jesu, Buddhas, Mohammeds, Lao Tzus, Chuang Tzus, Hilles und anderer. Doch nur die wenigsten von uns werden all diese alten Texte studieren können. Deshalb ist jede nachkommende Generation darauf angewiesen, dass neue Stimmen sie an unser globales Weisheitserbe erinnern, und zwar in einer Sprache, die der jeweiligen Zeit und Kultur entspricht. Ich bin eine dieser Stimmen, mehr nicht.

Im Laufe der Jahre wurde ich von vielen Lesern gebeten, die Lehren, die mein erstes Buch enthält, zu präzisieren und näher zu erläutern. Kein Wunder, mitunter hat Socrates tatsächlich ziemlich unerhörte Statements und paradoxe Hinweise von sich gegeben – so etwa, wenn er gegen die Mäßigkeit wetterte, manche meiner Fragen nur mit einem Achselzucken beantwortete oder mit dem mysteriösen Hinweis auf die »Geschäftsregeln«.

2006, als in den USA der Film zum Buch herauskam, wurde mir dann klar, dass die Zeit reif war, ein neues Licht auf den *Pfad* zu werfen. Deshalb habe ich mich entschlossen, den vorliegenden Band zu schreiben. Er enthält Schlüsseldialoge und -szenen aus dem Buch, jeweils gefolgt von Kommentaren, die die ursprünglichen Lehren vertiefen und erläutern.

Ich würde mir wünschen, dass ihr diese Texte lest, als hätte Socrates selbst sie geschrieben. Denn paradoxerweise hat er das vielleicht sogar getan.

Dan Millman
Sommer 2006

Über das Vorwort zum
Pfad des friedvollen Kriegers

Die Straße geht voran, voran
von jener Tür, da sie begann.
Nun ist sie schon weit fortgeschritten,
ich muss ihr nach in schnellen Tritten.
Bis dann auf einen Weg sie trifft,
wo viele Ziele sich begegnen.
Und wohin dann?
Ich weiß es nicht.

J. R. R. Tolkien

Realitätscheck 1

*Sonderbare Begebenheiten haben sich in meinem Leben zuge-
tragen, und alles fing an im Dezember 1966, in meinem ersten
Studienjahr an der University of California, in Berkeley. Und
zwar eines Morgens, kurz nach drei, als ich Socrates zum ersten
Mal begegnete – an einer Tankstelle, die die ganze Nacht offen
hatte.*

Es war mir immer wichtig zu betonen, dass sich im *Pfad
des friedvollen Kriegers* Fakten und Fiktion, Erinnerung
und Erfindung, Autobiografisches und Fantasie vermi-

schen. Um möglichen Verwirrungen vorzubeugen, wird das Buch im Handel deshalb auch unter der Kategorie »Persönliches Wachstum/Roman« geführt, jedenfalls in den USA.

Pablo Picasso hat einmal gesagt: »Kunst ist eine Lüge, die uns hilft, die Wahrheit zu erkennen.« Dies wirft einige größere Fragen auf: Was ist eigentlich Wahrheit? Und was Wirklichkeit? Es heißt, wir sollten uns auf unsere Sinneswahrnehmungen verlassen. Dabei reflektiert doch alles, was wir wahrnehmen, nur unsere persönliche, subjektive Wirklichkeit, gefiltert durch unsere Überzeugungen, Assoziationen und Interpretationen.

Selbst die Intelligentesten von uns sind nicht davor gefeit, Gedrucktes oder Gesendetes mit der Wirklichkeit, der Wahrheit, zu verwechseln. Eine Bekannte von mir hat beispielsweise erzählt, dass sie vom Balkon ihrer Wohnung in Manhattan aus miterlebte, wie die Türme des World Trade Center am 11. September 2001 in sich zusammenfielen. Da sie ihren Augen nicht traute, stürzte sie in die Wohnung und schaltete den Fernseher an, um zu sehen, ob es wirklich geschah. Ein anderes Beispiel: Wie viele von uns glauben wohl, dass hoch entwickelte Yogis in der Lage sind, sich an zwei Orten gleichzeitig aufzuhalten oder in der Luft zu schweben – und zwar nicht etwa, weil sie sich persönlich davon überzeugen konnten, sondern weil sie etwas darüber gelesen oder gehört haben? Möglicherweise gibt es solche Phänomene tatsächlich. Werden sie aber dadurch »wahr«, dass jemand darüber schreibt?

Die Schwerkraft und andere Aspekte der Wirklichkeit existieren einfach, ob wir nun an sie glauben oder nicht. Aber in den fließenden Gewässern der Spiritualität ist es ratsam, Unterscheidungsvermögen, kritisches Denken und gesunden Menschenverstand an den Tag zu legen. Lest den *Pfad des friedvollen Kriegers* und andere spirituelle Bücher also durchaus mit Spaß an den Geschichten, der Inspiration und den transzendentalen Hintergründen, die sie euch vermitteln, vernachlässigt aber bei allem Vertrauen auch nie den Verstand, und verlasst euch auf eure unmittelbaren Erfahrungen.

Desillusionierung: Die Suche beginnt

Das Leben schenkte mir reichen Lohn – aber keine Zufriedenheit, keinen inneren Frieden.

Auch von diesem Satz, der die Leere am Anfang meiner Sinnsuche beschreibt, haben sich unzählige Leser in die Geschichte hineinziehen lassen. Die meisten von uns sehnen sich nach »Mehr«, ohne dass wir dieses »Mehr« genau ausloten oder definieren könnten. Im 19. Jahrhundert hat es der Philosoph Henry David Thoreau einmal so ausgedrückt: »Manche Menschen gehen ihr ganzes Leben lang angeln, ohne sich darüber klar zu werden, dass sie eigentlich gar keinen Fisch mögen.«

Was wir suchen, ist die befreiende Ahnung vom größeren Ganzen, ein Gefühl inneren Friedens und Erfülltseins, das über den Alltag hinausweist. Das ist das Ziel jeder Religion, jeglicher Spiritualität und inneren Suche. Derselbe zwingende Drang, der einst die Pioniere Amerikas nach Westen zog, lässt die Menschen heute ihr Wohl im geheimnisumwitterten Fernen Osten suchen.

In den Entwicklungsländern kämpfen immer noch Millionen und Abermillionen von Menschen ums schiere Überleben. Deren primäres Anliegen ist es, nicht zu verhungern. Und »für einen Verhungernden ist das Brot Gott«, wie Mahatma Gandhi einmal sagte.

Wir aber, die wir das Glück haben, unter komfortableren Umständen zu leben, in denen genügend Nahrung und ein Dach über dem Kopf relativ sicher sind, haben Zeit, Muße und Energie genug, um nach Höherem zu streben – nach Erfüllung, Sinn und Selbstverwirklichung.

Diejenigen von uns, die es auf dem westlichen Weg der Äußerlichkeiten – Leistung, Erfolg, materieller Reichtum, Status und Besitz – besonders weit gebracht haben (oder mitbekamen, wie sehr sich die Eltern darum bemühten), fanden heraus, dass das alles zwar nicht schlecht ist, aber weder inneren Frieden noch Glücksgefühle verschafft.

Wir, die wir uns keinerlei Illusionen über Erfolge im Äußeren mehr machen, wenden uns eher dem nach innen gerichteten Pfad des Fernen Ostens zu. Geld, Besitz, Status und andere Äußerlichkeiten verlieren an Bedeutung. Wir vereinfachen unser Leben, verabschieden uns von äußerlichen Symbolen und dem ganzen Schnickschnack und suchen Antworten in uns selbst. Wir meditieren und erforschen die inneren Pfade der verschiedenen esoterischen Traditionen. Viele im Inneren Suchende bekommen allerdings Schwierigkeiten mit ihren weltlichen Verantwortungen wie Miete, Haushalt, Beruf.

Der Weg des friedvollen Kriegers beinhaltet die Tugenden des Westens ebenso wie die des Ostens, das Außen und das Innen, Körper und Geist, die linke und die rechte Hirnhälfte, den Kopf und das Herz, Vernunft und Vertrauen, Wissenschaft und Mystik, sowohl moderne Technologien als auch die Weisheit der Urvölker, Konventionen ebenso wie Transzendenz. Das Leben ist kein Entweder-Oder, sondern die Integration scheinbarer Gegensätze. Als friedvolle Krieger haben wir den Kopf in den Wolken und die Füße fest auf dem Boden. Wir streben nach einem friedvollen Herzen und einem kriegerischen Geist *zugleich*.

Dieser Ansatz bietet keine Garantie für ständigen inneren Frieden oder Zufriedenheit – das wäre auch unmöglich, denn die Gefühle sind so wechselhaft wie das Wetter. Vielmehr steht er für eine realistische, ausgeglichene Lebensweise.

Wie leben?

Nie war es mir in den Sinn gekommen, dass ich erst lernen müsste, richtig zu leben; dass es bestimmte Fähigkeiten gab und eine gewisse Art, die Welt zu sehen, die ich erst kennenlernen musste, bevor ich erwachen konnte für ein einfaches, glückliches und unkompliziertes Leben.

Das konventionelle Denken, wie es in Filmen wie *Pleasantville* oder *Die Truman Show* zum Ausdruck kommt, beruht auf allgemein akzeptierten Illusionen. Die mögen oberflächlich vielleicht ganz reizvoll sein, doch dahinter verbirgt sich das, was Thoreau meinte, als er von einem »Leben in stiller Verzweiflung« sprach. Früher glaubten wir, wenn wir in der Schule gute Noten, dann einen guten Job und jeder 1,5 Kinder hätten – wenn wir also genau das täten, was man von uns erwartete –, könnten wir uns aufs Wochenende, den Urlaub und den Ruhestand freuen und hätten ein insgesamt gutes, erfülltes Leben.

Und bis zu einem gewissen Maß gehören solche gewöhnlichen Vergnügungen tatsächlich zu einem guten Leben mit dazu. Allerdings nur, wenn wir sie nicht im Halbschlaf konsumieren und uns nicht wie Schmarotzer aufführen, deren gesamte Bildung aus Gemeinplätzen und den Parolen billiger Massenmedien besteht.

Wie andere Wege der Weisheit besteht auch der Pfad des friedvollen Kriegers nicht nur aus einer höheren Weltsicht, sondern beinhaltet auch bewährte Praktiken zur Harmonisierung und Integration von Körper, Geist und Seele.

Doch an welche Regeln müssen wir uns halten, welche Perspektive einnehmen, um erwachen zu können? Vielleicht geheime esoterische Praktiken für Leute, die wie Mönche und Nonnen in Höhlen sitzen, meditieren, innere Wärme produzieren oder ihre Kundalini-Energie die Wirbelsäule hochsteigen lassen?

Oder liegt des Rätsels Lösung etwa doch offen vor uns, unmittelbar im Hier und Jetzt, im Alltagsleben? Geht es womöglich darum, unsere Gedanken und Gefühle zu akzeptieren, statt gegen sie anzukämpfen, und sich verantwortungsbewusst, konstruktiv und freundlich zu verhalten, egal, ob es uns gerade danach ist oder nicht?

Diese tägliche Praxis ist das Kernstück meiner Lehren. Wir alle sind friedvolle Krieger in der Ausbildung – genau hier, genau jetzt.

Realitätscheck 2

Dieses Buch beruht auf der Geschichte meines Abenteuers mit Socrates – aber es ist auch ein Roman. Der Mann, den ich hier Socrates nenne, hat wirklich gelebt. Aber seine Art, in meiner Welt in Erscheinung zu treten, war so vielfältig mit anderem verwoben, dass ich nicht immer sagen könnte, wo die Grenze liegt zwischen ihm und anderen Lehren und Erfahrungen.
Die Dialoge habe ich frei nacherzählt, manchmal habe ich die zeitliche Reihenfolge verändert. Und ich habe Gleichnisse und Geschichten eingestreut, um seine Lehren zu verdeutlichen, die ich – dies war Socrates' Wille – weitergeben sollte.

Socrates war tatsächlich ein Mensch aus Fleisch und Blut. Als wir uns begegneten, erinnerte er mich sofort an Sokrates, den Weisen aus dem alten Griechenland, und deshalb nannte ich ihn so.

Zwischen unserer ersten Begegnung und der Veröffentlichung meines ersten Buches lag mehr als ein Jahrzehnt. In dieser Zeit bin ich viel gereist, traf andere Mentoren und Meister und gewann in der Schule des täglichen Lebens größere Klarheit, mehr Durchblick und Reife. Als ich mich dann schließlich hinsetzte, um den *Pfad des friedvollen Kriegers* zu formulieren, sprach der Weise von der Tankstelle, den ich Socrates nannte, für viele Lehrer, deren gesammelte Weisheit er zum Ausdruck brachte.

Wenden wir uns jetzt dem Anfang der Geschichte zu. Ich war auf dem Weg ins College, um ein neues Leben zu beginnen. Alles änderte sich in dem Moment, als ich die alte Texaco-Tanke betrat und über mein Schicksal stolperte.

Über die Tankstelle am Rainbow's End

Das Einzige, was man braucht, ist eine Chance.

Jesse Owens

»Jetzt fängt das Leben an«, so dachte ich, als ich Mom und Dad »Goodbye« winkte und mich mit meiner alten Karre, Marke Valiant, in den Straßenverkehr stürzte. Hinten im Kofferraum und auf den Sitzen lagen die Siebensachen, die ich für mein erstes Collegejahr eingepackt hatte. Ich war gut aufgelegt, ich war frei und zu allem bereit.

Eigentlich entfaltet sich das Leben Moment für Moment wie ein ständiger Fluss; im menschlichen Erleben scheint es aber Wendepunkte zu geben, an denen sich plötzlich Türen öffnen, die vorher gar nicht zu erkennen waren. Genauso empfand ich meine Fahrt nach Berkeley ins College. Ich war super Stimmung und strotzte nur so vor Optimismus. Im Sportseminar erwarteten mich meine Mannschaftskollegen – vielversprechende neue Freunde, neue Chancen.

Keinerlei Ahnung hatte ich, wer oder was sonst noch

auf mich zukommen sollte. Die nächsten Jahre standen erst einmal ganz im Zeichen von Vorlesungen und Seminaren, neuen Trainingstechniken und -methoden. Doch irgendwann fing dann das mit den düsteren Träumen an, die mich schließlich auch in Socs alte Tankstelle führten.

Realitätscheck 3

Auf dem Bürgersteig blieb ich instinktiv stehen. Es war so ein komisches Kitzeln im Nacken. Ich wusste, er beobachtete mich. Vorsichtig spähte ich über die Schulter. Keine fünfzehn Sekunden waren vergangen – aber er stand dort oben auf dem Dach! *Er hatte die Arme vor der Brust verschränkt und schaute zum Sternenhimmel hinauf.*
Fassungslos starrte ich den leeren Stuhl an, wo er eben noch gesessen hatte. Ich schaute hinauf, wo er stand. Es war unmöglich! Hätte ich zugeschaut, wie jemand an einem von Mäusen gezogenen Riesenkürbis ein Rad wechselt – es hätte mich weniger überrascht.

Wie schon gesagt, beruht *Der Pfad des friedvollen Kriegers* auf einer Mischung aus vielen persönlichen Erlebnissen und ein wenig Fantasie.

Ich habe Socrates nicht aufs Dach der Tankstelle springen sehen. Im Buch habe ich es so beschrieben, dass er auf einem Stuhl saß und dann wenig später auf dem Dach war. An einer späteren Stelle im Text hat er meinen Kopf berührt und ich sah oder meinte zu sehen, dass er wie in Zeitlupe aufs Dach sprang. Sah ich da etwas, was ich sehen wollte, oder wollte Socrates, dass ich es sah? Im Subtext der Geschichte werden solche Fragen durchaus gestellt.

Was aber, wenn Socrates gar nicht über erstaunliche athletische Talente verfügt, sondern von einem Schamanen gelernt hätte, das Zeitgefühl anderer Menschen zu verändern? Dann wären vielleicht nicht nur ein paar Sekunden vergangen, während ich mich von der Tankstelle entfernte, sondern einige Minuten, und Socrates hätte genügend Zeit gehabt, in aller Ruhe aufs Dach zu steigen (und später wieder herunterzukommen).

In Anlehnung an Ockhams Rasiermesser, eine These, die auf den Franziskanermönch Wilhelm von Ockham zurückgeht, könnte man sagen, dass die einfachste Theorie häufig auch die beste ist. Einigen wir uns also darauf, dass ich die Geschichte um einige magische Elemente ergänzt habe. Wie im Buch beschrieben, ließ sich Socrates einige besondere Dinge einfallen, um mein Interesse wach zu halten. Ich habe beschlossen, dasselbe für meine Leser zu tun.

Was mich zu Socrates hinzog, war natürlich nicht sein Sprung aufs Dach, sondern etwas viel Grundlegenderes und Tiefgreifenderes. Es gibt eine schöne Geschichte über einen Wandermönch, der dem Buddha begegnete und spürte, dass er etwas ganz Besonderes an sich hatte. »Bist du ein Krieger?«, fragte er. Der Buddha schüttelte den Kopf. »Ein Zauberer vielleicht?« Als Buddha verneinte, fragte der Mönch weiter: »Dann bist du aber bestimmt ein König oder ein Heiliger?« Wieder schüttelte Buddha den Kopf. »Ja, aber was ist es dann, das dich von anderen Menschen unterscheidet?«

»Ich bin erwacht«, sagte der Buddha.

Im Traum auf einen erwachten oder erleuchteten Menschen zu stoßen ist schon ziemlich erstaunlich. Mehr brauchte ich gar nicht, um mich vom Licht, das von Socrates ausging, wie eine Motte anziehen zu lassen. Allein das veränderte den ganzen weiteren Verlauf meines Lebens.

Narren unter sich

»Ich bin ein Narr, sagen Sie?« Es klang streitlustiger, als ich wollte.
»Wir sind doch allesamt Narren«, meinte er gutmütig. »Manche wissen es, und manche wissen es nicht. Du bist mir, so scheint's, einer von letzterer Sorte.«

Im Tarot – dem heiligen Kartenspiel, das in archetypischen Bildern die Lebensreise des Menschen – Erfahrung, Entwicklung und Erwachen – nacherzählt, gibt es unter den Großen Arkana die Karte *Der Narr*. Sie zeigt einen Spaßvogel (er steht für kindliche Unschuld), der den Blick in den strahlenden Himmel gerichtet hat und unmittelbar vor einem tiefen Abgrund (den Irrungen und Wirrungen des Lebens) steht.

Das meinte Socrates mit »Narr«: einen unschuldigen, naiven, vom Licht geblendeten Menschen mit allen möglichen idealistischen Gedanken und unbewiesenen Überzeugungen im Kopf, voller Selbsttäuschungen. Diesem Sündenfall entgehen nur die wenigsten; er scheint zur menschlichen Entwicklung einfach dazuzugehören.

Unseren Kindern wünschen wir, dass er ihnen erspart bleiben möge, dass sie unschuldig, aufgeschlossen und spontan bleiben – die Hürden des Lebens umschiffen. Doch die Abenteuer des Narren lassen sich nicht vermeiden. Auf unserer Lebensreise gewinnen wir an Weisheit, und ihre Stationen bereiten uns auf unsere letztendliche Bestimmung vor.

Jenseits der Erleuchtung bleiben wir alle Schlafwandler in einer von uns selbst erschaffenen subjektiven Wirklichkeit. Das Wort »Narr« kommt allerdings ziemlich barsch daher. Sagen wir also lieber, dass jeder von uns seine närrischen Momente hat, seine intelligenten, brutalen, aber auch seine freundlichen Momente, seine verrückten und seine friedlichen Augenblicke.

Socrates wollte natürlich nie sagen, dass er mich für bescheuert hielt. Er richtete sich an mein Selbstbild, an meine Illusion, die Weisheit mit Löffeln gefressen und »alle Tassen im Schrank« zu haben. Ihm war vollkommen klar, dass ich erst das Gesicht verlieren, loslassen, mich mit meinen Schatten und Ängsten konfrontieren musste, bevor ich mich für mehr öffnen konnte. Das trifft auf uns alle zu. In Socrates' Worten ausgedrückt: »Bevor du spirituell werden kannst, musst du es erst einmal zu menschlicher Reife bringen.«

Schlafen, träumen und aufwachen

»Woher weißt du, dass du nicht schon dein ganzes Leben verschlafen hast? Woher weißt du, dass du nicht auch jetzt schläfst, in diesem Moment?« Er sprach mit seltsamem Nachdruck in der Stimme.

Eine gute Methode, die Kunst des *luziden Träumens* – des Aufwachens im Traum – zu erlernen, besteht darin, sich tagsüber immer mal wieder zu fragen: »Ist das jetzt ein Traum?« Die Antwort darauf lautet dann in der Regel: »Nein, ich träume nicht.« Wenn du dich aber einmal daran gewöhnt hast, dir diese Frage häufiger zu stellen, mag der Tag kommen, an dem du bemerkst, dass du *tatsächlich* träumst. Dann wirst du sofort luzide – wachst also mitten im Traum auf.

In diesem Zustand des luziden Träumens kannst du deinen Traum aktiv erschaffen, statt nur passiv darin mitzuspielen: Dann kannst du fliegen oder Ungeheuer in Gänseblümchen verwandeln. Der Prozess des luziden Träumens ist schon sehr alt. Bereits die tibetischen Mönche übten sich darin. Sie nannten diese Praxis *Bardo*-Arbeit – im Rahmen ihrer Kosmologie erkundeten sie dabei den traumartigen Zustand zwischen den Lebenszeiten, zwischen dem Tod und der nächsten Wiedergeburt.

Die Metapher des Schlafens, Träumens und Erwachens hat noch eine tiefere Bedeutung. Erwachte Lehrer vertreten die Auffassung, dass wir nicht nur des Nachts schlafen und träumen, um dann am Morgen wieder aufzuwachen, sondern auch im Wachzustand verwirrt von einer Erfahrung in die nächste taumeln, verstrickt in unsere Überzeugungen, Assoziationen und Interpretationen von der Wirklichkeit – ganz so, als würden wir träumen.

Wege in den Traum

»Mir scheint, Socrates, als hätte ich dich schon mal gesehen.«
»Ja, das hast du«, sagte er.
Und wieder sprang diese Tür in meinem Inneren auf, wo Traum und Wirklichkeit in eins verschmelzen.
»Jetzt weiß ich es, Socrates!«, rief ich. »Ich hatte immer wieder einen Traum, und du kamst darin vor.«
Ich schaute gespannt zu ihm hinüber, aber sein Gesicht verriet keine Regung.
»Weißt du, ich komme in den Träumen vieler Menschen vor. Du übrigens auch. Also gut, erzähle mir deinen Traum.«

Im *Pfad des friedvollen Kriegers* spreche ich häufig von Träumen, jenen dunklen Quellen der Psyche, die Sigmund Freud gern als »Königsweg zum Unbewussten« bezeichnete. Meine Begegnungen mit Socrates dienten als Brücke zwischen der Traumwelt – dem Reich des Unbewussten – und der Alltagsrealität. Auch Schamanen und Mystiker überschreiten diese Brücke zwischen den Welten, genau wie Menschen, die an Schizophrenie leiden. Der Unterschied ist nur der, dass sich die Schamanen und Mystiker bewusst zwischen diesen Welten bewegen und den Unterschied kennen; Menschen, die unter geistiger Verwirrung leiden, sind dazu nicht in der Lage.

Im Buch und im Film erhält Dan viele Traumbotschaften aus anderen Welten. Innerhalb dieser Realität bewegt sich Socrates offenbar ähnlich frei wie die Schamanen der Senoi aus Malaysia, für die der Traum genauso wirklich ist wie das Leben im Wachzustand (wenn nicht noch realer). Allmorgendlich bitten sie ihre

Kinder, von ihren Träumen zu erzählen und quittieren die Berichte meistens mit »Ein guter Traum!«.

Die meisten von uns kennen diese Déjà-vu-Erlebnisse, wenn wir das Gefühl haben, jemanden schon zu kennen, dem wir noch nie begegnet sind. Und manche träumen Dinge, die später dann tatsächlich eintreten. Viele erinnern sich kaum an ihre Träume, messen ihnen keine größere Bedeutung zu oder glauben sogar, überhaupt nicht zu träumen. In Wirklichkeit hat aber jeder von uns ein reichhaltiges Traumleben. Zugang dazu können wir finden, wenn wir bereit sind, mitten in der Nacht aufzuwachen und uns Notizen zu machen. Mitunter haben unsere Träume verborgene oder symbolische Bedeutung, aber manchmal besteht die Botschaft auch bloß darin, dass wir vor dem Schlafengehen zu viel Pizza gegessen haben.

Jedenfalls haben mir meine Erlebnisse mit Socrates zu größerer Klarheit über das Reich der Träume und des Unbewussten verholfen. Er war in beiden Welten zu Hause, während ich damals noch in keiner ganz aufgewacht war.

Ein lebendes Beispiel

Etliche waren in Party-Stimmung. Sie ließen ihr Radio dröhnen, während wir sie bedienten. Socrates störte das alles nicht. Er lachte und plauderte mit den Leuten. Andere waren schlechter Laune und gaben sich besondere Mühe, unfreundlich zu sein. Aber jeden behandelte er mit derselben Höflichkeit, als ob er sein persönlicher Gast wäre.«

Der amerikanische Schriftsteller James Baldwin hat einmal geschrieben: »Kinder hören selten auf das, was die Eltern sagen; ganz sicher aber ahmen sie sie nach.« Für Erwachsene gilt genau dasselbe. Im Laufe der Zeit bekam ich mit, wie Socrates aß, wie er sich bewegte und wie er atmete. Aus seinem ganz einfachen Umgang mit anderen lernte ich mehr, als er mir mit Worten je hätte beibringen können. Alle seine Kunden, ob jung oder alt, behandelte er mit der Höflichkeit und dem Respekt, den er auch einem Ehrengast entgegengebracht hätte.

Natürlich gab es Ausnahmen, und auch darüber berichte ich in dem Buch. Dann spielte Socrates den Exzentriker. Aber selbst unter diesen Umständen handelte er immer ganz bewusst und überlegt – es war Teil seiner paradoxen Lehrmethode, von der nicht nur ich profitierte.

Wie anders könnte unser Leben doch sein, wenn uns stets bewusst wäre, dass in jedem Menschen, dem wir begegnen – egal, wie sehr uns seine Persönlichkeit im Moment vielleicht auch irritieren mag –, die Buddha-Natur, das Licht Jesu Christi zum Ausdruck kommt.

Was Socrates mich ohne Worte lehrte, erinnert mich an etwas, das der große Humanist und Arzt Albert Schweitzer einmal sagte: »Das eigene Beispiel ist nicht das Wesentliche im Umgang mit anderen. Es ist das Einzige, was zählt.«

Praktische Weisheit: Schüler und Lehrer

»Du hast mir noch immer nicht gesagt, wie wir uns gegenseitig behilflich sein können.«

»Sehr einfach«, sagte er. »Ich hätte ganz gerne noch ein letztes Mal einen Schüler. Und du – das sieht doch jeder – brauchst dringend einen Lehrer.«

»Oh, Lehrer habe ich genug«, protestierte ich, ein wenig vorschnell.

»Wirklich?« Er sah mich an. »Aber ob du den richtigen Lehrer hast oder nicht, das hängt davon ab, was du lernen willst.«

Socrates war keineswegs anti-intellektuell. Er hatte durchaus einen gewissen Respekt vor akademischen Zeugnissen. Allerdings überbewertete er sie nicht. Ihm war klar, dass ein Universitätsabschluss auch seine Grenzen hat. Eines Tages kam er mir mit einem seiner Bonmots (davon hatte er so ziemlich zu jedem Thema eins auf Lager): »Ein Experte ist jemand, der mehr und mehr Wissen über weniger und weniger anhäuft, bis er schließlich alles über gar nichts weiß.«

Höhere akademische Weihen setzen in der Regel viele Jahre intensiven Studierens voraus. Das heißt, jemand hat viel Hirnschmalz aufgebracht und strenge Initiationsrituale über sich ergehen lassen, um in die Welt des Intellekts aufgenommen zu werden. Ein solches Studium ist eine echte Leistung und aller Ehren wert. Socrates zögerte jedoch nie, auf den Unterschied zwischen begrifflichem Wissen und praktischer Weisheit hinzuweisen.

So erzählte er mir einmal die Geschichte von einem jungen indischen Gelehrten, der sich von einem Fährmann über einen tiefen, wilden Fluss bringen ließ. Der junge Mann erzählte dem Fährmann von seinen Studien und akademischen Leistungen. Dieser fragte ihn: »Hast du an der Universität eigentlich auch schwimmen gelernt?«

»Nein«, antwortete der junge Gelehrte.

»Das ist aber schlecht«, meinte daraufhin der Fährmann, »das Boot sinkt nämlich.«

Wenn wir uns auf einen Marathon vorbereiten, brauchen wir ein bestimmtes Training; verfolgen wir ein bescheideneres Ziel, wollen etwa eine längere Treppe steigen können, ohne aus der Puste zu kommen, muss das Training nicht ganz so rigoros sein. So hängt auch die Frage, welche Art von Lehrer wir brauchen, ganz davon ab, was wir lernen wollen. Wichtig ist, Mentoren zu finden, die die Pfade bereits beschritten und die Berge erklommen haben, die wir uns vornehmen. Und wenn du dann einen Lehrer gefunden hast, der deinen Bedürfnissen entspricht, höre ihm gut zu, vor allem aber: Beobachte ihn – denn sein Vorbild ist viel wichtiger als alles, was er sagt.

Das tägliche Leben als Schule
des Göttlichen

»Die ganze Welt«, sagte er, mit einer Handbewegung den Horizont umfassend, »ist eine Schule, Dan. Das Leben ist der einzige wirkliche Lehrer. Es bietet uns so viele Erfahrungen! Und wenn es nur auf die Erfahrung ankäme, um den Menschen Weisheit und Glück zu schenken, dann müsste jeder alte Mensch ein erleuchteter Meister sein, weise und glücklich.

Aber die Lehren, die wir aus der Erfahrung ziehen könnten, sind meistens versteckt. Ich kann dir helfen, die Welt klarer zu sehen und sie zu erfahren.«

Genau wie Socrates betrachte auch ich diesen Planeten als göttliche Schule und den Alltag als unser Klassenzimmer. Die Herausforderungen, denen wir begegnen – in unseren persönlichen und geschäftlichen Beziehungen, in Bezug auf Gesundheit, Finanzen und Beruf –, sowie die Konsequenzen, die unser Handeln hat, bringen uns garantiert alles bei, was wir brauchen, um uns weiterentwickeln zu können. Das Alltagsleben verschafft uns das spirituelle Hanteltraining, das den Geist stärkt, während wir den gebirgigen Pfad erklimmen.

Mit anderen Worten: *Der Pfad selbst erschafft den Krieger.* Der Lehrstoff wiederholt sich so lange, bis wir ihn intus haben. Und wenn wir die einfachen Lektionen nicht lernen, werden sie immer schwerer. Man sagt ja nicht umsonst: »Erfahrung ist der beste Lehrmeister.« Aber die Studiengebühren können ganz schön hoch sein.

Jede Seele muss sowohl durchs Licht als auch durch die Dunkelheit. Lehrer und geistige Führer können nur den Weg beleuchten und uns eine Landkarte zur Verfügung stellen, indem sie uns immer wieder an das erinnern, was wir auf einer tieferen Ebene zwar alle schon wissen, aber doch immer wieder vergessen. Wir vergessen, erinnern uns und vergessen erneut; wir stolpern, fallen hin und rappeln uns wieder auf, immer voran, zwei Schritte vorwärts, einen zurück. Auch das ist der Pfad.

Erfahrung und Weisheit

»Du glaubst alle möglichen Fakten – aber wissen *tust du nichts.«*

In meinem ganzen begrifflichen Denken war ich völlig von der Diskussion mit Socrates in Anspruch genommen und fuchtelte sinnlos mit dem Fensterwischer herum, den er mir in die Hand gedrückt hatte, als ich ihn nach dem Unterschied fragte, den er zwischen Wissen und Weisheit machte. Sinngemäß antwortete er: »Du weißt, wie man eine Windschutzscheibe sauber macht. Weisheit besteht darin, es zu tun.«

Wissen können wir vieles; von anderen Leuten, aus Büchern, Zeitungen und dem Internet können wir uns alle möglichen Daten, Zahlen, Fakten und differenzierte Informationen besorgen. Weisheit jedoch erwächst aus Lebenserfahrung. Sie riecht nach dem Schweiß, der sich bildet, wenn wir versuchen, unsere niederen Bestrebungen zu überwinden und in Übereinstimmung mit den universellen Gesetzen zu leben – beziehungsweise den »Geschäftsregeln«, wie Socrates sagte.

Körperwissen

»Was hast du vor mit mir? Willst du mich vielleicht mit dei-nen Informationen füllen?«, protestierte ich.
»Nein, nein, ich will dich nicht mit neuen Informationen voll-stopfen. Ich will dir das ›Körperwissen‹ zeigen. Alles, was du wissen musst, steckt in dir. Alle Geheimnisse des Universums

sind in deinen Körperzellen enthalten. Aber du hast den Blick nach innen noch nicht gelernt. Du kannst nicht in deinem Körper lesen. Bisher hast du nur Bücher gelesen und deinen Professoren gelauscht – und gehofft, sie möchten recht haben.«

Taisen Deshimaru, ein japanischer Schwertmeister, sagte immer: »Lernt mit dem ganzen Körper zu denken.« Er empfahl eine alternative Art zu sein, zu handeln und zu leben – Entscheidungen eher aus dem Bauch heraus zu treffen, instinktiv und intuitiv, statt sich ausschließlich auf das Gehirn zu verlassen, das die verschiedenen Möglichkeiten gegeneinander abwägt, um auf die Lösung zu kommen.

Genau wie Deshimaru hatte auch Socrates das ganz eigene (instantane) Wissen des Körpers begriffen. Er hatte seinen Körper darauf trainiert (und gelernt, darauf zu vertrauen), dass er immer genau wusste, was er essen, wie er sich bewegen und unbefangen reagieren sollte, völlig ohne Erwartungen und Vorurteile. Wie sagte doch einer seiner Mentoren (in *Socrates – der friedvolle Krieger*) einmal: »Erwarte nichts, aber sei auf alles vorbereitet.«

Verstehen und Erkennen

»Verstehen, weißt du, ist eindimensional. Es ist ein Begreifen mit dem Intellekt. Das Ergebnis ist ein Wissen, wie du es hast. Erkennen dagegen ist dreidimensional. Es ist ein Begreifen mit dem ganzen Körper – mit Kopf, Herz und Instinkten zugleich. Die Voraussetzung dafür ist eine klare Erfahrung.«

Man sagt ja auch: »Ich höre etwas und vergesse es wieder; ich sehe etwas und kann mich daran erinnern; aber wenn ich etwas tue, verstehe ich es.« Das »Verstehen« kommt hier dem Erkennen gleich, denn Handeln führt zu Erkenntnis. Wenn man studiert, worauf es beim Bergsteigen ankommt, eignet man sich nur abstraktes Wissen an. Erst selbst losklettern führt zu praktischer Erkenntnis.

Jeder von uns weiß, was mit Sätzen wie »Alles ist ein Traum« oder »Eigentlich wissen wir gar nichts« gemeint ist. Wenn man sie hört, versteht man ihre oberflächliche Bedeutung und sagt vielleicht: »Weiß ich doch längst.« Beziehungsweise »Find ich auch« oder »Das seh ich aber anders«. Wir neigen dazu, solche Sätze mit einem Schulterzucken abzutun, weil wir sie so oder so ähnlich schon häufig gehört haben.

Wenn wir sie uns aber richtig auf der Zunge zergehen und tief in uns eindringen lassen, verwandeln sich diese Gemeinplätze in universelle Wahrheiten – und wir *erkennen*, das alles ein Traum ist oder dass wir im Grunde wirklich nichts wissen. In solchen entscheidenden Momenten, die mitunter das ganze Leben verändern, kann ein geradezu ekstatisches Empfinden des Befreitseins von Sterblichkeit, Veränderung und Leiden entstehen. Vielleicht müssen wir sogar anfangen zu lachen. Wir empfinden dann eine Erregung, wie der griechische Mathematiker Archimedes sie in einem Anfall von Jubel hatte, als ihm eine wissenschaftliche Erkenntnis kam, er aus seiner Badewanne aufsprang und mit dem Ruf »Heureka! Ich hab's gefunden!« durch die Straßen lief.

Nichts verändert sich, und doch verändert sich alles – in einem einzigen Moment des Erkennens.

Unwissenheit, Mysterien und Glück

»Wo bist du?«

»Wie meinst du das? Wo soll ich sein?«

»Wo bist *du?«*, wiederholte er leise und eindringlich.

»Ich bin hier.«

»Wo ist hier?«

»In diesem Büro in dieser Tankstelle!« Ich hatte allmählich genug von diesem Spiel!

»Wo ist diese Tankstelle?«

»In Berkeley.«

»Wo ist Berkeley?«

»In Kalifornien.«

»Wo ist Kalifornien?«

»In den Vereinigten Staaten.«

»Wo sind die Vereinigten Staaten?«

»Auf einem Erdteil, auf einem Kontinent der westlichen Hemisphäre. Socrates, ich …«

»Wo sind die Kontinente?«

Ich seufzte geduldig. *»Auf der Erde. Bist du* noch *nicht fertig?«*

»Wo ist die Erde?«

»Im Sonnensystem, drittnächster Planet von der Sonne. Die Sonne ist ein kleiner Stern in der Galaxie namens Milchstraße. Zufrieden?«

»Wo ist die Milchstraße?«

»Oh, hör auf, Mann!«, stöhnte ich und verdrehte die Augen. *»Im Universum.«* Ich hatte endgültig genug von dem Spiel.

»Und wo«, grinste Socrates, *»ist das Universum?«*

»Hm, das Universum ist …« Ich überlegte. *»Da gibt es verschiedene Theorien, wie es entstanden ist.«*

»Ich habe dich nicht gefragt, wie es entstanden ist, sondern wo *es ist.«*

»Ich ... ich weiß nicht. Woher soll ich das wissen?«
»Ja, das ist der springende Punkt. Du kannst es nicht wissen, und du wirst es niemals wissen. Das zu wissen ist unmöglich. Du weißt also nicht, wo das Universum ist, und folglich weißt du nicht, wo du bist. Tatsache ist, du kannst überhaupt nicht wissen, wo irgendetwas ist. Du kannst auch nicht wissen, wie etwas ist oder wie es entstanden ist. Alles ist ein Rätsel.«
Socrates besann sich einen Moment. »Meine Unwissenheit beruht auf dieser Erkenntnis. Deine Erkenntnisse beruhen auf Unwissenheit. Ich bin ein spaßiger Narr. Du bist ein ernsthafter Esel!«

Sokrates, der griechische Philosoph und Namensvetter meines Mentors, behauptete von sich, der unwissendste Mensch von allen zu sein. Und seit der Zeit mit meinem eigenen Socrates kann ich dasselbe auch von mir behaupten: Ich besitze keinerlei gesichertes Grundwissen – kein bisschen, nicht die Spur davon. All die »Fakten«, die ich kenne, sind nichts als ein Kartenhaus, das auf einer Unzahl von Fragen balanciert.

Wir können uns einen ganzen Schatz an Tatsachen, Theorien und beweisbaren Schlussfolgerungen aneignen, unterhalb dieser Wissensfluten aber bleiben wir doch immer wie Kinder, die voller Staunen in den unendlichen Weltraum blicken. Der Zeitungsmann und ewige Zyniker H. L. Mencken meinte einmal: »Jetzt sind wir hier. Und alles, was die Menschheit darüber hinaus zu wissen meint, ist reiner Blödsinn.« Nun kann man Mencken bei aller Liebe nicht für einen Vordenker der Spiritualität halten. Aber selbst er wies auf die Mysterien des Lebens hin.

Wissen und Handeln

»Ich kann dir Dinge zeigen und Geschichten erzählen, Dan, ich kann dir Geheimnisse offenbaren. Wir können zusammen auf die Reise gehen – zuvor aber musst du begreifen, dass es bei solchen Geheimnissen nicht ankommt auf das, was du weißt, sondern auf das, was du tust.«

Socrates zog ein zerlesenes Lexikon aus der Schreibtischschublade und hielt es hoch. »Hier, lerne die Tatsachen, nutze das Wissen, das du dir erworben hast. Aber erkenne die Grenzen des Wissens. Denn Wissen allein genügt nicht, wenn das Herz dabei fehlt! Mit Wissen allein kannst du deine Seele nicht nähren, kannst du nicht am Leben bleiben. Das höchste Glück, den wahren Frieden findest du nicht durch Wissen. Das Leben verlangt mehr von dir als bloße Kenntnisse. Es verlangt Gefühle; starke Gefühle und Energie. Das Leben verlangt von dir rich-tiges Handeln – falls es dir darauf ankommt, deine Kennt-nisse anzuwenden.«

»Wissen zählt nicht, auf die Taten kommt es an.« Oder: »Der Weg ist das Ziel.« Sprüche dieser Art kennen wir alle. Aber wie schon gesagt: Etwas zu wissen ist nicht dasselbe wie es wirklich zu erkennen und auch danach zu leben.

Uns allen ist klar, wie wichtig es ist, sich ausgewogen zu ernähren, Sport zu treiben und genügend zu schla-fen. All das ist kein esoterisches Mysterium, das nur wenigen Auserwählten zugänglich ist. In den Tageszei-tungen und großen Magazinen stehen alle möglichen guten Ratschläge. Und trotzdem bleibt uns der eigent-liche Kern dieser Empfehlungen so lange verborgen, bis wir anfangen, danach zu handeln. Natürlich gibt es auch Zeiten, in denen es angemessen ist, die Füße still zu halten und gar nichts zu tun. Wie auch immer, der friedvolle Krieger fängt nichts an, ohne vorher darüber nachzudenken, und denkt nicht, ohne auch zu handeln.

Was würde Socrates wohl antworten, wenn man ihn nach weiteren Tipps fragte, wie man abstraktes Wissen in konkretes Handeln umsetzen könne? Ich glaube, er würde seinen Steckschlüssel hinlegen, sich die Hände abwischen und sagen: »Träum groß. Fang klein an. Und dann verbindest du die Punkte.«

Der Weg der Tat

Er richtete sich auf dem Teppich auf und sah mich ernst an. »Alle deine Gefühle und Reaktionen sind automatisch, vorprogrammiert und vorhersehbar. Meine sind es nicht! Ich lebe spontan. Dein Leben ist festgelegt durch deine Vergangenheit.«

Socrates sagte häufiger: »Das ist ein Weg der Tat.« Ich dachte immer, damit meinte er Aktivität, Stärke, Dynamik und Direktheit – sich nicht zurückzuhalten, nicht herumzueiern, sondern mit aller Entschiedenheit zu handeln. Meine Leser haben das auch so aufgefasst.

Doch im Grunde sprach Socrates von einem so radikalen Zugang zur Wirklichkeit, dass ich ihn in vollem Umfang erst fast drei Jahrzehnte später richtig verstand: Ihm war bewusst, dass alle unsere Gefühle, Gedanken, Überzeugungen und Erinnerungen Tendenzen in uns erschaffen, auf eine bestimmte Art und Weise zu agieren. Ein Beispiel: Wenn wir traurig oder sauer sind, Angst haben oder uns einfach nur richtig elend fühlen, *neigen* wir dazu, uns anders zu verhalten, als wenn wir glücklich und voller Selbstvertrauen sind. Die meisten von uns leben ein Seifenopernleben. Wir sind Sklaven unserer Neigungen und hoffen, dass wir die richtigen Gefühle und Gedanken haben, die es uns »gestatten«, anders zu handeln, und fürchten, die falschen Gefühle oder Gedanken könnten uns von unseren Zielen abhalten.

Jahrelang dienten mir meine Gefühle, aber auch meine persönliche Vergangenheit als Begründung für mein Verhalten. Dem entzog Socrates nun den Boden, indem er darauf bestand, dass ich mutig und mitfühlend handelte, egal, was ich gerade fühlte oder dachte.

Deshalb konzentrierte sich Socrates so auf den Körper, das Tun, das Handeln. Seine Gedanken und Gefühle, und zwar sowohl die positiven als auch die negativen, flossen ohne größere Widerstände oder Anhaftungen durch ihn hindurch. Sie hatten keinerlei Einfluss auf sein Handeln. Er verfügte über die Freiheit, sich einem höheren Willen gemäß zu verhalten.

Er demonstrierte mir seine Unabhängigkeit von seiner inneren, subjektiven Welt und von seinen Neigungen und zeigte mir damit eine ganz neue Art zu leben – den aktiven Weg, den Pfad des friedvollen Kriegers.

Eine lang erwartete Begegnung

»Wieso weißt du das alles – von meiner Vergangenheit und so?«
»Weil ich dich seit Jahren beobachte«, sagte er.

Socs Antwort, er habe mich seit Jahren beobachtet, war, um es in Anlehnung an Winston Churchill auszudrücken, eine Denksportaufgabe, die in ein Rätsel verpackt war, das auf einem Mirakel beruhte. Er hatte es einfach so dahingesagt, als wäre es das Normalste der Welt. Da er sich nicht weiter darüber ausließ, konnte ich meinen Lesern auch nicht mehr sagen – oder jedenfalls erst fünfundzwanzig Jahre später, als ich *Socrates* schrieb, das Buch über Leben und Odyssee meines alten Mentors.

Kleine Hinweise statt umfassender Erläuterungen, das war typisch Socrates. Also nur so viel: Soc beobachtete mich schon seit meiner Geburt. Er verfolgte jede meiner Bewegungen, bis ich nach Berkeley zog, um aufs College zu gehen. Kurz nachdem ich dort angekommen war, kaufte er sich die alte Tankstelle. Meine Mutter kannte er nicht, sehr wohl aber meine Oma – nicht ganz so gut, wie er es sich gewünscht hätte, aber immerhin.

Unsere erste Begegnung war in gewisser Hinsicht sowohl Glück als auch Schicksal. Ich betrat die Tankstelle aus freien Stücken, er aber hatte dort schon seit vielen Jahren geduldig auf mich gewartet.

Auf das innere Wissen vertrauen

Ich stand auf und wollte nun endlich gehen. »Socrates, du hast selbst gesagt, ich sollte auf mein eigenes Gefühl hören – und nicht auf das, was andere mir sagen. Warum sollte ich also sitzen bleiben und dir zuhören?«

»Eine gute Frage«, lachte er. »Und hier die ebenso gute Antwort. Ich erzähle nicht von mir selbst. Ich erzähle auch keine abstrakten Theorien, die ich aus Büchern oder von Professoren übernommen hätte. Ich bin ein Mensch, der seinen Körper und seine Seele kennt. Und darum kenne ich auch Seele und Körper anderer Menschen. Und wieso«, zwinkerte er mir zu, »willst du wissen, dass nicht ich das Gefühl bin, das dir sagt, dass es Zeit wird für dich zu gehen?«

In diesem kurzen Dialog wird die wichtige Frage des Vertrauens angesprochen. Socrates war kein fernöstlicher Guru, der absolute Ergebenheit von mir verlangte, als ich bei ihm hereinschneite. Er war mein Mentor – ein Weiser, der mich vor Herausforderungen stellte und Empfehlungen aussprach.

Socrates wusste, dass Vertrauen am besten mit der Zeit entsteht, dass es kein Akt blinden Gehorsams oder Ausdruck von Ergebenheit sein sollte. Einmal sagte er: »Ich bin nicht dafür da, dass du mir vertraust. Ich bin dafür da, dir zu helfen, dass du dir selbst vertraust.« Ich halte es genauso. Mir geht es gar nicht so sehr darum, den Weg zu erklären, den ich persönlich eingeschlagen habe, viel lieber möchte ich anderen helfen, ihren eigenen zu finden.

Wahre Lehrer freuen sich über Widerspruch und Fragen. Denn wenn wir uns alle immer einig wären, brauchte es schließlich nur einen zu geben.

Aus Socs Andeutung, er sei vielleicht die Stimme meiner Intuition, geht seine unglaubliche Fähigkeit hervor, unter die Oberfläche zu dringen. Selbst als ich auf meinen bewussten Verstand hörte – auf das, was ich zu wollen *meinte* –, stellte sich Socrates darauf ein und brachte die tiefsten Sehnsüchte und Bedürfnisse meines Herzens zum Ausdruck.

Später sollte ich erfahren, dass er diese Fähigkeit viele Jahre zuvor von Chia gelernt hatte, jener Frau, die ich später in einem Regenwald auf Hawaii traf, wie ich es in *Die Rückkehr des friedvollen Kriegers*, dem zweiten Buch der Serie, beschreibe.

Socrates und die Kampfkünste

»Die Ninja konnten sogar mit ihrer schweren Kriegsrüstung Flüsse durchschwimmen. Sie konnten wie Eidechsen senkrechte Felswände hinaufklettern, winzige Risse als Griffe und Tritte nutzend. Sie hatten wunderbare Kletterseile erfunden, dünn und beinah unsichtbar. Auch sich selbst konnten die Ninja unsichtbar machen. Sie kannten viele Tricks, um den Gegner zu täuschen, Ablenkungs- und Fluchtmanöver. Vor allem aber«, erklärte er, »waren die Ninja fantastische Springer.«

Wer den *Pfad des friedvollen Kriegers* gelesen hat, erinnert sich wahrscheinlich an die Geschichte, die mir Socrates erzählte, als ich eine Erklärung für seinen Sprung aufs Dach von ihm verlangte. Wie er mir sagte, übten die Ninjas in Japan ihre Sprünge mit Kornhalmen. »Und ich trainiere mit Hausdächern.«

Weil sich Socrates auf die Ninja bezog, gingen viele Leser davon aus, dass er Anhänger des Ninjutsu gewesen sei. Einige hielten ihn für einen Asiaten. Aber das stimmt nicht.

Wäre Socrates asiatischer Abstammung gewesen, hätte das den Eindruck verstärkt, spirituelle Weisheiten könnten nur aus dem Fernen Osten kommen, also aus Japan, China oder Indien. Es stimmt schon, in diesen Kulturen gibt es ganz großartige esoterische Traditionen (in anderen allerdings auch, denken wir nur an die islamischen Sufis, an die afrikanischen Sangomas oder die Kahuna auf Hawaii). Socrates' Lehren haben ihre Wurzeln jedoch keineswegs irgendwo im Osten, sondern in den Flüssen und Bäumen, in den Wolken und im Lauf der Jahreszeiten. Er trug die Weisheit der Erde weiter, und die ist überall zu finden und gehört uns allen.

Wie schon gesagt, war Socs plötzliches Auftauchen auf dem Dach kein Ninja-Trick, sondern in erster Linie eine Methode, meine Aufmerksamkeit lange genug zu fesseln, dass ich etwas lernen konnte. Es war aber auch ein literarischer Kunstgriff, mit dem ich das Interesse meiner Leser wecken wollte.

Verantwortung übernehmen

»Erst wenn du bereit bist, die volle Verantwortung für dein Leben zu übernehmen, kannst du ein voll entfalteter Mensch werden. Dann erst wirst du erkennen, was es heißt, ein Krieger zu sein.«

Immer wieder sprach Socrates davon, die Verantwortung zu übernehmen. Nicht für Gedanken oder Gefühle, sondern für das eigene Handeln. Denn er wusste ganz genau, dass man nur selbst sein Verhalten steuern kann.

Geburtsort, Abstammung und äußere Ereignisse entziehen sich unserer Kontrolle; Gefühle und Gedanken, die am Horizont unseres Bewusstseins vorüberziehen, ebenfalls. Bei der einen oder anderen Gelegenheit können wir uns vielleicht aus schlechter Laune herausmanövrieren oder negativen Gedanken beziehungsweise Gefühlen so lange keine Aufmerksamkeit schenken, bis sie vorbei sind. Doch ich kenne keinen einzigen Menschen, der in der Lage wäre, jedes einzelne Gefühl bewusst positiv zu beeinflussen oder alle negativen Gedanken im Keim zu ersticken.

Liegt keine Behinderung irgendeiner Art vor, können wir unsere Körperbewegungen und unsere Worte steuern und verantworten. Und sobald wir für alles, was wir tun und sagen, die volle Verantwortung übernehmen (egal, was wir dabei denken oder fühlen), erreicht unsere persönliche Entwicklung eine neue Stufe.

Manche Leute glauben, unerwünschtes Verhalten resultiere aus einer schwierigen Kindheit, fehlenden Vorbildern oder einer schlechten Mutterbeziehung. Und es kann kein Zweifel daran bestehen, dass solche Faktoren große psychologische Hürden darstellen. Trotzdem: Nicht jeder, der in seiner Kindheit derartige Probleme hatte, reagiert darauf in seinem späteren Leben unproduktiv oder zerstörerisch.

Es läuft also alles auf Folgendes hinaus: Von ernsthaften Wahnvorstellungen und Geisteskrankheiten abgesehen, haben wir unabhängig von unserer Vergangenheit stets die Macht, uns im Rahmen unseres Umfelds und unserer Lebensumstände für die bestmögliche Handlungsweise zu entscheiden. Dies setzt jedoch Entschlusskraft und Stärke voraus. Daher besteht die größte Aufgabe, der wir uns stellen können, darin, unsere primitiveren Neigungen zu überwinden und ein »voll entwickelter Mensch« zu werden. »Nachdem du ein richtiger Mensch geworden bist«, sagte Socrates einmal sinngemäß, »ist der Rest nur noch eine Fahrt mit dem Aufzug«. Bis es so weit ist, gibt uns jeder Tag aufs Neue die Gelegenheit, ein friedvolles Herz und einen kriegerischen Geist herauszubilden.

Über das erste Buch
Sturm der Veränderung

Wir verändern uns – müssen uns verändern.
Dagegen können wir genauso wenig tun wie die Blätter,
wenn sie im Herbst gelb werden und abfallen.

D. H. Lawrence

Zu Kapitel eins

Ein Hauch von Magie

Seid keine Magier,
seid magisch.

Leonard Cohen

Die Wirklichkeit des Schamanen

»Ja. Der Wind ist umgeschlagen. Dies kündigt einen Wende-
punkt in deinem Leben an. Vielleicht weißt du es nicht – und
auch ich habe es bis jetzt nicht gewusst –, aber diese Nacht ist
ein entscheidender Augenblick für dich. Du bist fortgegangen,
aber du bist wiedergekommen. Jetzt weht der Wind für dich
aus einer anderen Richtung.«
Er sah mich nachdenklich an. Dann schlenderte er ins Büro
zurück, als sei nichts gewesen.

Zu den verschiedenen Rollen, die Socrates einnahm
(vom strengen Arbeitgeber bis zum humorvollen Exzentriker), gehörte auch die des Schamanen, der die
Schattenreiche bereist, ein Wandersmann in den Tiefen
des Unterbewusstseins. (Und gerade in dieser Rolle war

er ganz hervorragend.) Dem Wispern der Natur ent-
lockt der Schamane Bedeutungen und Botschaften, die
er an seine Mitmenschen weitergibt. In dieser Eigen-
schaft legte Socrates großen Wert auf Omina und Zeichen aus der Natur. Das Umschlagen des Windes wies
ihn auf die kommenden Veränderungen in meinem
Leben hin.

Manche halten dergleichen für puren Aberglauben –
für gedankliche Spielereien, Rückfall in eine primitive
Kultur. Ich glaube aber, dass die Urvölker uns Heutigen,
die wir von den Grundrhythmen, die sich den Körperzellen mitteilen, weitgehend abgeschnitten sind, viel
Wertvolles zu sagen haben.

Alle kleinen Kinder sind Schamanen. Aber sie wan-
deln in Traumlandschaften, die sie nicht verstehen.
Menschen, die ihre Intuition intensiv trainiert haben,
bedienen sich dagegen bewusst verschiedener Orakel,
beispielsweise der Astrologie, Tarotkarten oder Runen,
als Mittel der Sammlung. Das Orakel des Schamanen ist
die Natur. Sie flüstert ihm ein Geheimnis zu, wenn andere nur den Wind hören.

Veränderungen akzeptieren

»Sei unbesorgt«, wiederholte er. »Denk an den Spruch des
Konfuzius: ›Nur der erhabene Weise und der unwissende Narr
verändern sich nicht.‹«
Mit diesen Worten legte er mir seine Hände leicht an die Schlä-
fen.

Mit diesem Konfuzius-Zitat wollte Socrates ausdrücken, dass Narren wie Steine sind und Weise wie Wasser. Steine an sich verändern sich nicht; sie können höchstens gebrochen werden oder schleifen sich im Laufe der Zeit ab. Wasser dagegen verändert sich ständig und bleibt sich trotzdem immer gleich. Es passt sich seinem Gefäß vollkommen an. Und selbst wenn sich der Aggregatzustand verändert, wenn es also gefriert oder gasförmig wird, behält Wasser seine wesentliche Natur bei.

Die Weisen unter uns verlieren nie das Gleichgewicht, während sie auf den Wogen des Wandels durchs Leben surfen; sie nehmen selbst die wildesten Flüsse ohne größere Anstrengungen. Sie sind wie das ruhige Auge inmitten eines Hurrikans.

Wer mit seinem Leben unglücklich ist, wünscht sich häufig eine Veränderung der Umstände oder der Menschen um ihn herum. Wenn aber alles gut läuft (oder gar nicht einmal so), sträuben wir uns gegen jegliche Veränderung – vor lauter Angst vor dem Unbekannten. Auch gegen die natürlichen Veränderungen, die mit den Jahren kommen, versuchen wir uns zu wehren. (Von wegen »in Würde altern«! Überhaupt nicht älter werden, das ist es, was wir wollen.) Doch zu den Geschäftsregeln, denen das Leben unterliegt, gehören nun einmal auch Veränderungen.

Ungeachtet aller Hoffnungen, Anstrengungen und Strategien ist Veränderung tatsächlich das Einzige, was konstant bleibt. Denken wir nur an die Passage aus *Alice im Wunderland* von Lewis Carroll:

»Wer bist du?«, fragte die Raupe.

»I-m Moment, Sir, w-weiß ich es nicht so genau«, antwortete Alice ziemlich scheu. »Heute in der Früh, als ich aufwachte, wusste ich noch, wer ich war. Aber seither muss ich mich wohl einige Male verändert haben.«

Irgendwann lernen wir alle, dass Veränderungen unvermeidlich sind und dass es weise wäre, flexibel zu sein und sie zu akzeptieren, denn nichts bleibt für immer gleich. Bis dahin wehren wir uns dagegen, und dieser Widerstand erzeugt Stress, Leid und Schmerz.

Doch aus Schmerzen lernen wir auch. Wir alle mussten schon einmal körperlich, emotional und geistig Schmerzen erleiden – und häufig hat uns das Unglück ein kleines bisschen stärker, weiser und mitfühlender gemacht. Der existenzialistische Schriftsteller Albert Camus schrieb einmal: »Mitten im Winter entdeckte ich in mir einen unerschütterlichen Sommer.« Ihre größten Fortschritte macht die Seele im Angesicht von Widrigkeiten – Bankrott, Scheidung, Krankheit, Unfall, Tod eines Angehörigen. Derartige Herausforderungen prägen den Charakter und den Geist – zu unserem höchsten Besten und damit wir etwas lernen.

Die Türen der Wahrnehmung öffnen

»Nun, man könnte sagen, ich habe deine Energie verstärkt und ein paar neue elektrische Schaltkreise in deinem Hirn angeschlossen. Das Feuerwerk, das du gesehen hast, das war der Jubel deiner Gehirnzellen über diese Welle neuer Energie. Jetzt bist du befreit von deiner lebenslangen Illusion über das Wissen. Gewöhnliches Wissen, wie Bücher- und Schulweisheit, wird dich in Zukunft nie mehr befriedigen, fürchte ich.«
(…)

Am nächsten Tag saß ich in meinen Kursen und hörte meine Professoren nur sinnlose Wörter plappern. Der gute Watson zum Beispiel versuchte uns zu erklären, wie Winston Churchills politischer Instinkt den Ausgang des Zweiten Weltkriegs beeinflusst habe. Ich hörte auf, mir Notizen zu machen. Allzu sehr fesselten mich die leuchtenden Farben und Formen im Hörsaal. Ich spürte die strahlenden Energiefelder meiner Kommilitonen. Das bloße Geräusch der Stimme meines Professors erschien mir viel interessanter als die Gedanken, die er vortrug.

Hier geht es darum, dass mir Socrates irgendeine Energie übermittelte, um mein Wahrnehmungsvermögen zu erweitern, elektrische Schaltkreise bei mir zu öffnen oder einen psychedelischen Effekt zu erzielen. Aber durfte er das überhaupt? Hätte er mich nicht vorher um Erlaubnis bitten müssen? Wie konnte er so einfach davon ausgehen, dass er wusste, was für meine persönliche Entwicklung das Beste sein würde? Hat er sich einer Grenzverletzung schuldig gemacht und unbefugt in den Prozess, der sich bei mir abspielte, eingegriffen, oder hat er ihn befördert?

Zu diesem Zeitpunkt bestand zwischen Socrates und mir bereits eine Mentor-Schüler-Beziehung. Und er tat auch nichts anderes als das, was Psychotherapeuten tun, wenn sie in ihre Werkzeugkiste greifen und Klienten hypnotisieren oder sich irgendeiner anderen Methode bedienen, die ihnen zur Verfügung steht. Nur dass die »Werkzeugkiste«, in die Socrates griff, etwas ganz Besonderes war. Sie beruhte auf seiner Ausbildung, die ich in *Socrates. Der friedvolle Krieger* teilweise beschreibe.

Erzählt habe ich diese Geschichte damals aber, um die verschiedenen Arten von Wissen zu unterscheiden –

abstrakte Begriffe im Gegensatz zu praktischen Weisheiten, die auf unmittelbaren Erfahrungen beruhen. Wissenschaft und Vernunft sind in der linken Hirnhälfte angesiedelt, während das Mystische in der rechten Hirnhälfte zu Hause ist. Der friedvolle Krieger entscheidet sich nicht für das eine oder das andere, sondern bezieht beides mit ein.

Socrates half mir, den Kopf von abstrakten akademischen Begriffen freizubekommen und mit der Wirklichkeit in engeren Kontakt zu treten. Vorher hatte ich die Welt durch einen Schleier von Gedanken und Eindrücken aus zweiter Hand wahrgenommen. Socrates half mir nun, den Reset-Knopf zu drücken und den Cache in meinem Hirn zu leeren. Damit wurde meine Welt wieder lebendig; eine verzerrte Schwarz-weiß-Existenz rückte sich zurecht und nahm frische Farbe an.

Jenseits der Konvention

»Ach«, meinte sie. »Watsons Vorlesung – war die nicht toll heute? Die Sache mit Winston Churchill ... wirklich interessant!«
»Wie? Was? Hm, ja. Tolle Vorlesung ...«
»Good by, Danny.«

In diesem Dialogfetzen zwischen Susie und mir ist Susie die Repräsentantin der gewohnten, allseits akzeptierten konventionellen Realität, die die meisten von uns so kommod finden – Nahrung, Sex und Entertainment als Trösterchen und kleine Lüste, Zerstreuungen und Ablenkungen, die den Verstand bei Laune halten, während wir unser typisches Leben mit all seinen Nachrichten, Wetterberichten und Sportereignissen führen.

Verführt vom Sirenengesang der Normalität und Anpassung empfand ich den mir schon vertrauten Drang, zu den allgemein akzeptierten gesellschaftlichen Vorstellungen zurückzukehren, wieder einzupennen und meine närrische Suche nach »Mehr« aufzugeben.

Doch nach meinen Erfahrungen mit Socrates gab es kein Zurück, auch wenn ich es mir noch so sehr wünschte. Und als ich Susie dumpf zustimmte und sagte: »Ja, tolle Vorlesung«, war mir schon klar, dass ich es eigentlich nicht so meinte – jedenfalls nicht mehr. Natürlich spricht nichts dagegen, aufs College zu gehen und informative Vorlesungen über Geschichte, Philosophie oder andere Disziplinen zu hören. Doch nach den Erlebnissen, die ich hatte, kamen mir reine Informationen platt, trocken und zweidimensional vor. Ich wusste jetzt, was »höhere Bildung« eigentlich bedeutet, denn sie war mir begegnet: in Form eines kauzigen erleuchteten Automechanikers in einer alten Tankstelle. Durch seine Lehrstunden bekam ich das Gefühl, dass die Kluft zwischen der Welt der Konventionen und dem Transzendenten immer tiefer wurde.

Die Dunkelheit vor der Morgendämmerung

»Meinst du nicht, du solltest dafür sorgen, dass es mir besser geht? Ich dachte, das wäre die Aufgabe eines Lehrers.«

Was in meiner Frage an Socrates zum Ausdruck kommt, ist, dass ich erwartet hatte, etwas dafür zu bekommen, dass ich mich diesem ganzen Theater aussetzte. Ich dachte, es müsste mir besser gehen, dabei fühlte es sich so an, als würde alles nur noch schlimmer. Das Phänomen der »Erstverschlechterung«, also dass etwas schlimmer wird, bevor es sich verbessert, ist ziemlich weit verbreitet, sogar notwendig, und es tritt keineswegs nur auf dem Gebiet der spirituellen Praxis auf. Zu derartigen Gefühlen der Desillusionierung kommt es im Prozess des Fortschritts bei allen anspruchsvolleren Aktivitäten – sei es beim Sport, in der Musik oder auch den Kampfkünsten.

Als ich anfing, Aikido zu lernen, forderte mich der Übungsleiter, mein Sensei, immer wieder auf, mich zu »entspannen«. Das fand ich total frustrierend, weil ich nämlich durchaus das Gefühl hatte, entspannt zu sein. Doch angesichts der ständigen Ermahnungen meines Lehrers schien ich mich immer mehr zu verkrampfen. Die Anforderungen, die ich an mich stellte, hatten sich ebenso gesteigert wie mein Wissen um das Problem: die Anspannung. Doch je deprimierender und deutlicher mir meine Verkrampftheit wurde, desto näher rückte auch die Möglichkeit, dass ich mich wirklich entspannte. Denn sobald man ein Problem einmal erkannt hat, ist es schnell gelöst.

Einem Flugzeug vergleichbar, das sich durch eine Wolkenwand in die Lüfte erhebt, geraten wir Menschen in Turbulenzen, wenn wir eine höhere Bewusstseinsstufe erreichen. Wir spüren, was möglich ist, erhöhen die Ansprüche und sehen uns mit größerer Klarheit. Kurz vor Sonnenaufgang ist es immer am dunkelsten – auch in der menschlichen Psyche.

Entscheidungsfreiheit

»Ich weiß, wo der Fehler liegt! Bisher war ich überzeugt, dass jeder Mensch seinen eigenen Weg suchen muss im Leben. Dass keiner ihm sagen kann, wie er leben sollte.«
Socrates schlug sich vor die Stirn und sah mich entgeistert an.
»Welch eine Logik! Ich bin *doch ein Teil des Weges, den du dir selbst ausgesucht hast. Oder habe ich dich etwa aus dem Kinderwagen geraubt und hier eingesperrt? Immerhin kannst du jederzeit gehen«, sagte er.*

Ein kindlicher Anteil von mir wünschte sich einen weisen Lehrer, während der heranwachsende dagegen rebellierte. Hin- und hergerissen zwischen »Vertrauen zu meinem Lehrer« und »Selbstvertrauen« wiederholte ich meine Befürchtung, Socrates könne mir vorschreiben wollen, wie ich leben sollte. Wo doch nur *ich* wusste, was für mich gut war.

Da Socrates an diesem Thema keinerlei Interesse hatte, erinnerte er mich daran, dass er mich nicht an einen Stuhl gefesselt hatte: Ich könnte jederzeit gehen. Diese Erkenntnis half mir, das Jammern einzustellen und meinen Widerstand aufzugeben, sodass ich anfangen konnte, die Verantwortung für meine Entscheidungen zu übernehmen. Ich war weder Socrates' Geisel noch sein Opfer, sondern hatte aus freien Stücken entschieden, mich dieser Erfahrung auszusetzen.

Wenn wir unser Leben mit einem Film vergleichen, gibt es Zeiten – die manchmal ein ganzes Leben dauern können –, in denen wir uns wie Schauspieler oder Doubles fühlen und aufführen, die bloß darauf warten, dass uns jemand sagt, was wir als Nächstes zu tun haben. Dann agieren wir nicht, sondern reagieren nur. Ich musste daran erinnert werden, dass wir Regisseur, Drehbuchautor und Hauptdarsteller unseres Films sein und unser ganzes Leben verändern können, indem wir eine tragendere Rolle darin übernehmen.

Als friedvolle Krieger und reife Erwachsene vertrauen wir auf den Lauf des Lebens und sehen in den Menschen und Umständen, die uns das Leben bietet, den Geist am Werk, in allen Hochs und Tiefs, in Freunden und Gegnern. Überall um uns herum nehmen wir die Weisheit wahr und wägen alles, was wir lernen (auch von Lehrern, denen wir vertrauen), gegen die Empfehlungen unseres Herzens ab.

Der unsichtbare Weg der Bewusstwerdung

»Der Weg des Kriegers führt über subtile Stufen, die für den Uneingeweihten nicht zu erkennen sind. Bisher wollte ich dir nur zeigen, was ein Krieger nicht ist. Ich habe dir deine eigenen Irrtümer vor Augen geführt. Vielleicht wirst du's bald begreifen.«

Der Weg der persönlichen Entwicklung ist nicht glamourös, und am Ende winkt kein glänzendes Abzeichen. Ein voll entfalteter Mensch kann sich ganz ruhig und normal verhalten, ergreift aber auch manchmal voller Begeisterung und Leidenschaft das Wort. Er übernimmt immer genau die Rolle, die gerade angemessen ist. Nur Menschen, die in der Lage sind, ein bestimmtes

Augenzwinkern, Energie, Klarheit und Ausgeglichenheit wahrzunehmen, erkennen überhaupt einen friedvollen Krieger. Dieses Urteilsvermögen stellt sich im
Zuge der inneren Arbeit ganz wie von selbst ein. Nachdem ich das Wesen meiner eigenen Seele und meines
Herzens begriffen hatte, konnte ich allmählich auch in
den Herzen und Seelen der (sogenannten) anderen das
Licht erkennen.

Vertraue auf Gott, vergiss aber nicht, dein Kamel anzubinden

Aus einer Schublade holte Socrates ein paar lange Bänder, mit denen er mich an die Stuhllehne zu fesseln begann.

Ob wir zulassen sollten, dass uns der Lehrer oder sonst
jemand an einen Stuhl fesselt? Vielleicht ja, vielleicht
auch lieber nicht – es hängt ganz vom Vertrauen ab, das
sich aufgebaut hat. (Beim ersten Treffen mit einem
Unbekannten würde ich es unter keinen Umständen
empfehlen.) Beim damaligen Stand der Beziehung zu
meinem Mentor Socrates war ich jedenfalls bereit, das
Risiko einzugehen. Heute finde ich, dass das Ganze
ziemliche Effekthascherei war – ich habe ja schon gesagt, dass Socrates ganz genau wusste, wie man Leute
beeindrucken kann.

Als Socrates mich auf unbekanntes Terrain beförder-
te, fühlte es sich an wie der erste Fallschirmsprung aus
großer Höhe. Zwar wusste ich im Grunde, dass mir aller Wahrscheinlichkeit nach nichts zustoßen würde,

aber trotzdem war es ein Sprung ins Leere, ein Akt des Vertrauens.

Flüge der Fantasie

»Sag mal, soll das eine Flugreise werden?«, fragte ich nervös.

»Ja, in gewissem Sinn«, murmelte er. Dann kniete er sich hin, nahm meinen Kopf zwischen seine beiden Hände und drückte mir die Daumen leicht gegen die Stirn. Mir klapperten die Zähne.

(...)

Nun wanderten wir beide durch einen langen, von blauen Nebelschwaden verhangenen Korridor. Meine Füße bewegten sich, aber ich spürte keinen Boden unter mir. Plötzlich ragten zu beiden Seiten hohe Bäume auf. Die Bäume verwandelten sich in Hochhäuser, und die Hochhäuser verwandelten sich in Felszinnen, und dann kletterten wir eine steile Schlucht hinauf.

Die Nebel hatten sich verzogen. Es war eiskalt. Unter uns erstreckte sich meilenweit eine geschlossene grüne Wolkendecke, die sich am Horizont in einen orangeroten Himmel auflöste.

(...)

Wir tauchten ein in die grünliche Wolkenschicht, und im nächsten Moment schaukelten wir wie zwei betrunkene Riesenspinnen im Deckengebälk eines Sport-Stadions.

(...)

»Ich habe dich festgebunden, weil du vom Stuhl gekippt wärst vor Schreck, als du wie Peter Pan durch die Lüfte flogst.«

»Oh, bin ich wirklich geflogen? So ist's mir jedenfalls vorgekommen.«

»Es war ein Flug deiner Fantasie, könnte man sagen.«

Nach den inneren Reisen, auf die mich Socrates schickte, indem er mir die Hände auf die Schläfen legte, haben sich viele Leser bei mir erkundigt. In gewisser Weise waren diese visionären Erfahrungen frei erfunden, andererseits aber auch durchaus authentisch.

Sie wurden, wie bereits erwähnt, nicht dadurch ausgelöst, dass Socrates meinen Kopf berührte. Vielmehr machte ich diese Reisen auf jenem geheimnisumwitterten Terrain, das wir gemeinhin »Fantasie« nennen.

Gewisse Dinge werden häufig mit einem lapidaren »Ach, das ist doch reine Fantasie« abgetan. Andererseits zitiert man auch gern die Worte Albert Einsteins, der sinngemäß meinte: »Es kommt viel mehr auf Fantasie an als auf Wissen.« Und warum, bitte, sollte ein derart brillanter Naturwissenschaftler eine solche These aufstellen? Womöglich, weil er erkannt hatte, dass alle großen Entdeckungen auf dem menschlichen Vorstellungsvermögen beruhen? Fantasie, die Quelle jeglicher Kreativität, kann bis zu hellseherischen Fähigkeiten führen. Was zunächst als »Flug der Fantasie« beginnt, nimmt später mitunter die Form subtiler Hinweise, Zeichen und Botschaften aus dem Unbewussten an, die uns helfen, Zugang zu den verborgensten Gefilden unserer Intuition zu finden.

Die Visionen, die ich im *Pfad des friedvollen Kriegers* beschreibe, entstammten meiner Fantasie und nahmen in meiner Vorstellungswelt ihre eigene Wirklichkeit an, auch bei meinen Lesern. So wurden sie zu einer Art gemeinsamer Erfahrung.

Sportler oder Musiker zum Beispiel können auch mental üben und trainieren – indem sie die Leistungen, die sie sich vornehmen, visualisieren und ein Gefühl dafür bekommen. Die Fantasie unserer Kinder können wir fördern, indem wir ihnen vorlesen, Geschichten erzählen und sie ermutigen, selbst welche zu erfinden. Und wer eine lebhafte Fantasie hat, kann viele Leben in ein einziges packen.

Nicht so gut ist es, wenn die Fantasie verrückt spielt – ich denke dabei an Halluzinationen oder geistige Verwirrung. Doch wenn wir unser kreatives Vorstellungsvermögen voll ausschöpfen wie die Mystiker und Schamanen der verschiedenen Kulturen, können wir das ganze Universum durchstreifen. Das bereichert das Leben, beschert intensivere Erfahrungen und befreit uns von den Fesseln unseres Körpers, unserer Sinneswahrungen, ja sogar von Raum und Zeit.

Natürlich kommt dann auch irgendwann der Moment, in dem wir unsere Erfahrungen in der Wirklichkeit verankern müssen. Eine Reise in den Dschungel des Amazonas wäre real; sie sich nur vorzustellen nicht. Und trotzdem: Sie im Traum zu unternehmen ist immer noch bedeutend besser, als überhaupt nicht aufzubrechen. Die Flüge der Fantasie gehören zu den größten Fähigkeiten des Menschen. Doch irgendwann müssen wir dann auch wieder auf den Boden der Tatsachen zurückkehren. Die Naturforscherin und Autorin Osa Johnson drückte es einmal so aus: »Luftschlösser zu bauen ist nicht unbedingt vergebene Liebesmüh. Man muss sie dann nur später auf ein solides Fundament stellen.«

Eine Tür öffnet sich

»Pass auf!«, zischte er. »Diese Reise ist Realität! Viel realer als die Tagträume deines normalen Lebens.«
Inzwischen fesselte das Geschehen dort unten meine Aufmerksamkeit. Die Zuschauer, aus solcher Höhe betrachtet, verschwammen für mich zu einem Meer bunter Tupfer, beinahe wie auf einem pointillistischen Gemälde.

Socs rätselhafte Worte erinnerten mich daran, dass es mehr als eine Wirklichkeit gibt, und zwangen mich, über mein Alltagsbewusstsein hinauszugehen. Zudem aber verweist diese Stelle auch noch auf etwas, über das ich noch nie gesprochen habe.

Ich werde oft gefragt, was mich eigentlich inspiriert hätte, den *Pfad des friedvollen Kriegers* zu schreiben – so, als hätte ich mich eines Tages hingesetzt und den ganzen Text in einem Rutsch durchgeschrieben. Dabei war ich mit Unterbrechungen ganze zehn Jahre damit beschäftigt. Zum Schluss setzte ich mich dann noch einmal richtig auf den Hosenboden und verwob das Ganze in einem letzten Entwurf mit meiner persönlichen Lebensgeschichte. Doch angefangen hatte alles mit einem einzigen holografischen Bild, das mir wie zufällig in einer Art Tagtraum erschien: ein aus der Vogelperspektive gesehenes Sportstadion voller Menschen. Es sah aus wie eine Unmenge bunter, schimmernder Pünktchen – genau wie ein pointillistisches Gemälde eben.

Diese merkwürdige Vision, die ich hatte, als ich in meinem Büro im Sporttrakt des Oberlin College saß, öffnete mir die Tür zu allem, was später kam. Alle Inhalte des *Pfades des friedvollen Kriegers* gruppierten sich um dieses innere Bild herum. Als ich meine Vision schriftlich festhielt und mir auch Notizen über den alten Mann machte, den ich Jahre zuvor kennengelernt hatte, nahmen sie allmählich Gestalt an. Das Bild von der Sportarena stand mir so lebendig vor Augen, dass ich es über Jahre nicht aus dem Kopf bekam. So geheimnisvoll können kreative Prozesse sein.

Gedanken lesen

»Tolle Akustik hier in der Halle!«, dachte ich. »Das ist ja fantastisch.« Dann aber sah ich durchs Fernglas, dass sie gar nicht die Lippen bewegte.
(…)
Irgendwie konnte ich ihre Gedanken lesen.

Ich fragte Socrates einmal, ob ich lernen könnte, Gedanken zu lesen. Er schaute mich an, hob seine buschigen weißen Augenbrauen und sagte: »Lern lieber erst einmal deine eigenen zu lesen.« Mit anderen Worten: Solange ich nicht das wahre Wesen meines eigenen Denkens erkennen – den Filter meiner Überzeugungen, Assoziationen und Interpretationen durchschauen – könnte, würde ich auch nicht in der Lage sein, jemand oder etwas anderes einigermaßen klar zu sehen.

Dabei ging es nicht um irgendwelche übersinnliche Kräfte oder Taschenspielertricks. Ich sollte einfach das Wesen meines Denkens durchschauen lernen. Erst wenn ich selbst genau wüsste, wie ich tickte, wäre ich

auch in der Lage, mich in andere Menschen hinein-
zuversetzen und ihr Denken und ihre Gefühle zu verstehen.

Mithilfe des Einfühlungsvermögens können wir uns
auf einer höheren Ebene mit unseren Mitmenschen
verbinden, als Schriftsteller, Freund und Mensch besser
werden – ein voll ausgereifter friedvoller Krieger.

Dynamische Meditation

Aber solange die Athleten konzentriert an den Geräten turn-
ten, verstummten auch die Gedanken der Zuschauer.
Jetzt wurde mir erstmals bewusst, was mir am Turnen so gut
gefiel. Es schenkte mir immer wieder willkommene Atempau-
sen im Chaos meiner lärmenden Gedanken. Wenn ich zur Rie-
senwelle am Hochreck oder zum Salto ansetzte, gab es für mich
nur noch Konzentration und Bewegung, sonst nichts. Dann
schwieg mein ewig plätschernder Gedankenfluss.

Diese Erkenntnis über Gedanken und Bewegung ist
eine der wichtigsten, die wir überhaupt gewinnen können. Auf ihr beruhen alle Formen der Meditation in Bewegung, angefangen bei der Zen-Praxis des *kinhin,* der
Gehmeditation bis hin zu Judo oder Aikido und so weiter. Im Japanischen enden viele Wörter, die sich auf die
Kampfkünste beziehen, mit der Silbe *do,* »Weg« beziehungsweise »Pfad«. Der Begriff *dojo* zum Beispiel lässt
sich mit »Schule des Weges« übersetzen. Darin kommt
zum Ausdruck, dass die gelehrten Fertigkeiten nicht um
ihrer selbst willen (oder um einen Wettbewerb zu ge-

winnen) geübt werden, sondern als Mittel zu Erkenntnis und Weiterentwicklung.

Der Alltag findet nicht im Schneidersitz statt. Irgendwann öffnen wir die Augen auch wieder und gehen unseren täglichen Verrichtungen nach. Sitzmeditationen sind deshalb ein guter Anfang. Die Meditation in Bewegung stellt dann insofern eine Steigerung dar, als sie quasi ein Brücke ins Alltagsleben schlägt.

In der Stunde der Wahrheit – wenn wir etwa unsere Fähigkeiten vor Publikum unter Beweis stellen oder eine Prüfung ablegen müssen – bleibt unsere Aufmerksamkeit ganz im Körper, in der Bewegung. Die Bewegung wird zum Mantra, zum Zentrum unserer Aufmerksamkeit. Deshalb bringe ich den Leuten in einigen meiner Wochenendseminare auch das Jonglieren bei. Das ist eine sehr wirkungsvolle Form der Meditation, denn sie verschafft unserem ewig plätschernden Gedankenfluss eine kleine Pause, ist sozusagen ein Kurzurlaub für den Geist.

Natürlich kommen auch während einer dynamischen Meditation Gedanken auf. Aber wir hängen ihnen nicht länger nach und messen ihnen kein größeres Gewicht bei. Sie verlieren ihre Macht, ziehen unsere Aufmerksamkeit nicht auf sich, sie können unsere Gemütsverfassung nicht beeinflussen und auch unsere Entschiedenheit nicht schwächen. Während der dynamischen Meditation befreien wir unseren Körper einen Moment lang vom Kopf. Schlussendlich wird alles, was wir tun, zu einer dynamischen Meditation, und dann sind wir frei vom ewigen Geplapper unserer zufälligen Gedanken.

Erfahrung und Fantasie

Zurück ins Büro musste Socrates mich stützen. Als ich zitternd auf dem Sofa lag, wusste ich, dass ich nicht mehr jener naive, von seiner Wichtigkeit überzeugte junge Mann war, der sich vor wenigen Minuten – oder waren es Stunden oder Tage – auf den Stuhl in der grauen Nische gesetzt hatte. Ich fühlte mich alt, sehr alt.

Ich hatte das Leid der Welt gesehen, die Situation des seinen Gedanken ausgelieferten Menschen.

Auch die innere Reise, von der hier die Rede ist, war ein Produkt meiner Fantasie, allerdings beruhte sie auf persönlichen Erfahrungen. Socrates hatte mich nicht in eine andere Realität versetzt. Auch hierbei handelte es sich wieder um einen literarischen Kunstgriff, mit dem ich das Ziel verfolgte, die Leser so tief in die Geschichte hineinzuziehen, dass sie einen Erkenntnisprozess bei ihnen auslösen konnte.

Die Episoden, Träume und Visionen ließ ich mir einfallen, um zu zeigen, wie ein naiver, selbstbezogener junger Mann eine andere Lebensweise kennenlernte. Und ich lud meine Leser herzlich ein, mich bei diesem Abenteuer zu begleiten, damit sie auch so einen Lehrer haben konnten wie ich.

Der Traum eines Lebens

Ich erwachte vom Ticken des Weckers, der auf meinem blauen Nachtkästchen stand.

(…)

Ich strampelte meine kurzen Beinchen frei und sprang auf. Aus der Küche hörte ich Mamas Stimme: »Danny! Steh auf, mein Kleiner!« Ja, richtig, es war der 22. Februar 1952, mein sechster Geburtstag!

(…)

So verging ein Jahr nach dem anderen, und bald war ich Dan Millman, der beste Turner an der High School von Los Angeles.

Ja, in der Turnhalle machte mir das Leben Spaß. Sonst kannte ich nur Langeweile und Enttäuschung.

(…)

Eines Tages schellte zu Hause das Telefon. Es war Harold Frey, der Trainer aus Berkeley, California. Er wollte mich in seine Mannschaft holen und versprach mir ein Stipendium fürs College. (…) Ich wusste, bald würde das Leben erst richtig anfangen!

Am College vergingen die Jahre wie im Flug, mit vielen sportlichen Triumphen, aber wenig anderen Höhepunkten. In meinem letzten Studienjahr, kurz vor den Olympischen Spielen, heirateten Susie und ich. Wir blieben in Berkeley wohnen, sodass ich mit der Mannschaft trainieren konnte. Ich lebte ausschließlich für den Sport und hatte weder Zeit noch Energie für meine junge Frau übrig.

(…)

Bald kam unser kleiner Sohn zur Welt. (…) Ich fand einen Job als Versicherungsagent. (…)

Ein Jahr später lebten Susie und ich getrennt. Zuletzt reichte sie die Scheidung ein. (…)

Als ich eines Tages vor dem Spiegel stand, wurde mir klar, dass schon vierzig Jahre meines Lebens vorbei waren. Ich war alt geworden. Was hatte ich aus meinem Leben gemacht? Mithilfe meines Psychiaters hatte ich ein kleines Alkoholproblem über-

*wunden. Ich hatte Geld gehabt, Frauen und Wohnungen. Jetzt
hatte ich niemanden mehr. Ich war einsam.*

(...)

*Auf einmal war die bohrende Angst wieder da, die schreck-
lichste Angst meines Lebens. Ob ich etwas Wichtiges verpasst
hatte – etwas, das wirklich einen Unterschied gemacht hätte?*

Diese Vision meiner Kindheit und der sinnentleerten
Zukunft, die mir hätte bevorstehen können, gab mir
den entscheidenden Anstoß, auf dem frustrierenden,
verwirrenden Pfad weiterzugehen, der nur durch meinen Widerstand so schwierig wurde. Das ebenfalls im
Rahmen der Möglichkeiten liegende Schicksal aus meiner Traumvision stand für das normale, selbstbezogene
Leben – die Suche nach Liebe, Glück und Zufriedenheit
mithilfe von Selbstbelohnung, körperlicher Lust, schä-
biger Ablenkungen und Betäubung aus der Flasche.

Um ein Gewässer zu durchqueren, müssen wir das
Risiko eingehen, das Ufer zu verlassen, sonst können
wir kein anderes erreichen. Dieses andere Ufer wollte
Socrates mir zeigen. Denn solange ich die Illusionen bezüglich meiner Zukunft nicht verlor, würde ich nicht
bereit sein, auf die Tröstungen, die ein konventionelles
Leben bietet, zu verzichten und mich auf Unbekanntes
einzulassen. Der traurige Traum von einem öden Leben
wurde zu meinem Weckruf.

Die Vergangenheit ändern,
die Zukunft ändern

»Weißt du, Dan, man kann die Vergangenheit ganz verschieden interpretieren und deuten. Folglich gibt es auch Möglichkeiten, die Gegenwart zu verändern. Und es gibt immer mehrere Möglichkeiten der Zukunft. Dieser Traum wäre wahrscheinlich deine Zukunft geworden, falls du mich nicht getroffen hättest.«

»Du meinst also, wenn ich nicht damals zufällig in diese Tankstelle gestolpert wäre, würde dieser Albtraum für mich Wirklichkeit?«

»Ja«, sagte er, »sehr wahrscheinlich. Und er kann immer noch deine Wirklichkeit werden. Die Entscheidung liegt jetzt bei dir. Du kannst die Gegenwart ändern, und damit auch deine Zukunft.«

Als ich Socrates von meiner düsteren Traumvision erzählte (insgeheim vermutete ich allerdings, dass er sie schon kannte), fragte ich ihn, ob dies wirklich meine Zukunft sei. Er machte mir klar, dass die einzige Möglichkeit, »die Vergangenheit zu verändern«, darin besteht, unser Verhalten in der Gegenwart zu ändern, denn die Gegenwart wird ganz schnell zu unserer Vergangenheit. Zugleich aber gestalten wir mit unseren Handlungen in der Gegenwart auch die Zukunft.

Die Stunde des Kriegers ist das Jetzt. Denn er hat erkannt: Egal, was wir denken oder fühlen – ob wir traurig sind oder hoch motiviert, scheu oder zupackend, voller Selbstvertrauen oder voller Zweifel – die Qualität unseres Lebens hängt immer in hohem Maße von dem ab, was wir heute tun. Das Heute ist das Tor zur Zukunft; heute legen wir das Fundament für alles, was folgt.

Kein Zurück

»Ich weiß nicht, Socrates, was ich davon halten soll. Mein Leben in diesen drei Monaten, seit ich dich kenne, war wie ein unwirklicher Traum. Verstehst du? Manchmal wünsche ich mir, ich könnte zurückkehren in mein normales Leben, wie ich es früher gewohnt war.«

In den Worten und Wünschen, die ich in diesem Abschnitt zum Ausdruck bringe, reflektiert sich etwas, was viele Menschen vor (oder auch nach) einer sprunghaften Veränderung ihres Bewusstseins erleben. Freunde oder Partner, die an ihrem normalen Leben festhalten, weiterhin schlafen, träumen und tun, was von ihnen erwartet wird, scheinen in weite Ferne zu rücken.

Dieses Hin-und-her-Gerissensein zwischen unechter Wirklichkeit und Authentizität wird häufig zum Gegenstand populärer Kultur und Kunst gemacht. So bieten zum Beispiel auch die *Matrix*-Filme eine Metapher des Träumens und Aufwachen, um den Unterschied eines Lebens in Verleugnung und der Erkenntnis der Wirklichkeit, wie sie tatsächlich ist, zu beschreiben.

Wenn man liest, was ich dazu geschrieben habe, kann man leicht den Eindruck gewinnen, dass ich für die normalen Dinge des Lebens nur Verachtung übrig hätte. Das ist aber keineswegs so. Gesellschaft und Politik spiegeln exakt den gegenwärtigen Stand unseres Wachstums und unserer Entwicklung wider; besser geht es im Moment nicht. Socrates hätte mich nie aufgefordert, mich dem normalen Alltag zu verweigern. Wichtig war ihm nur, dass ich die konventionelle Geistesverfassung hinter mir ließ, dass ich erkannte, dass das Leben aus mehr besteht als aus den üblichen Zerstreuungen und kurzfristigen Ablenkungen.

In meinem persönlichen Erscheinungsbild, in puncto Kleidung und Verhalten, wirke ich heutzutage total normal. Joy und ich leben in einem kleinen Häuschen in einer Vorstadt in Nordkalifornien. Wir haben einen ordentlichen Lattenzaun und zwei (allerdings ziemlich alte) Autos. Wir wohnen in keinem Aschram und in keiner Kommune und haben uns auch nicht auf irgendeinen Berg zurückgezogen.

Doch im Hinblick auf unsere Wertvorstellungen, Prioritäten und Empfindungen unterscheiden wir uns vermutlich von vielen unserer Nachbarn. Nichts Großartiges – nichts, wodurch wir uns auf irgendeine Weise besonders hervorheben. Es ist eher eine gewisse Bewusstheit, Leichtigkeit, Dienstbereitschaft, vielleicht auch unser Blickfeld, das sich aufgrund intensiver innerer Arbeit und Lebenserfahrung erweitert hat. Möglicherweise legen wir ein bisschen weniger Angst, Sorge und Widerstand an den Tag. Wir leben in keiner anderen Welt, nehmen die Wirklichkeit aber eine Spur anders wahr – und zahlen trotzdem unsere Rechnungen, mähen den Rasen und waschen unsere Wäsche. Genau wie Socrates führen wir ein normales Leben mit unkonventionellen Perspektiven.

Das Netz der Illusionen

Weiser macht es, eine Illusion zu verlieren,
als die Wahrheit zu finden.

Ludwig Börne

Befreiung

»Du erkennst dein Gefängnis nicht«, sagte er, »weil die Git-
terstäbe unsichtbar sind. Meine Aufgabe ist es, dir deine miss-
liche Lage vor Augen zu führen, und ich hoffe, es wird eine
desillusionierende Erfahrung für dich sein. (…) Desillusio-
nierung – das ist das beste Geschenk, das ich dir machen
kann. Sie mag dir als etwas Negatives erscheinen, nur weil du
deine Illusionen liebst. Vielleicht bedauerst du einen Freund:
›Oh, welch eine desillusionierende Erfahrung musste der
Arme machen!‹ Du solltest ihn aber beglückwünschen und
dich freuen mit ihm, weil er von seiner Illusion befreit worden
ist. (…) Tatsache ist«, sagte er, »dass du leidest. Das Leben
freut dich im Grunde nicht, Dan. Deine Vergnügungen, dei-
ne Spielereien mit Mädchen, sogar der Sport – all das sind
nur Mittel, um dich von deiner tief sitzenden Angst abzulen-
ken! (…) Du versuchst dich nur abzulenken von dem, was du

tun solltest: dich befreien. (…) Du bist auf Leistung und auf
Zerstreuung konditioniert, Dan, und das hilft dir, vor der Ur-
sache deines Leidens die Augen zu verschließen.«

Stell dir vor, du blickst in einen dunklen Brunnen. An
seinem Rand blühen vielleicht Kletterpflanzen, und eigentlich wirkt es in der Tiefe ganz ruhig und still. Doch
wenn man dann den Lichtstrahl einer Taschenlampe in
das Dunkel richtet, wird plötzlich das ganze Krabbel-
getier sichtbar, von dem du eine Sekunde zuvor noch
nicht das Geringste wusstest. Dieses Phänomen tritt
auch auf, wenn Licht in die menschliche Seele fällt.
Wie C. G. Jung, Psychologe und Pionier der Traumar-
beit, sinngemäß einmal schrieb: »Erleuchtung besteht
nicht darin, strahlende Lichter wahrzunehmen und Visionen zu haben, sondern darin, die Dunkelheit sichtbar
zu machen.«

Wir sind auf der Welt, um unsere persönlichen Tiefen
auszuloten und dabei das Leben selbst zu begreifen.
Dafür müssen wir aber nicht nur unser Licht sehen und
annehmen, sondern auch unseren Schatten. Stephen
Levine hat es einmal so ausgedrückt: »Achtsamkeit
lehrt uns das Wesen des Schatten; Herzenswärme lehrt
uns das Wesen des Lichts. Wenn die beiden aber nicht
im Gleichgewicht sind, tappen wir entweder blind im
Dunkeln oder lassen uns vom Licht blenden.«

Socrates zerstörte die Selbsttäuschungen, auf denen
mein Bild von mir beruhte, damit ich in die Lage versetzt wurde, mich mit meinem subjektiven Denken auseinanderzusetzen. Wir müssen eben nicht nur etwas
fühlen, um zu heilen, sondern es auch sehen, um uns
davon befreien zu können.

Anhaftung und Leiden

»Wenn du nicht bekommst, was du haben willst, dann leidest du. Wenn du bekommst, was du nicht haben willst, dann leidest du. Du leidest sogar, wenn du genau das bekommst, was du haben wolltest, nur weil du es nicht ewig behalten kannst. Das Problem ist dein Denken. Es scheut die Veränderung, es scheut Schmerzen, es scheut die Anforderungen des Lebens und Sterbens. Veränderung heißt das Gesetz aber, und du kannst dir einreden, was du willst – an diesem Gesetz kannst du nicht deuteln.«

»Socrates, du kannst einem wirklich den Spaß verderben. Wenn das Leben, wie du sagst, nichts als Leiden ist – wozu dann die ganze Aufregung?«

»Nein, das Leben ist nicht Leiden. Nur du leidest, weil du es nicht genießen kannst, solange du nicht die Fesseln deines Denkens abwirfst und dich auf den Weg machst, ganz gleich, was geschieht.«

Der griechisch-armenische Mystiker Georg I. Gurdjieff sagte einmal: »Der Mensch mag jeglichem Vergnügen abschwören. Sein Leiden aber wird er nie aufgeben.« Auch er war also der Auffassung, dass wir uns aus einer grundlegenden Angst heraus an das Gewohnte klammern und alles versuchen, um Veränderungen zu vermeiden. Wenn etwas schlecht läuft, wollen wir es verändern, manchmal jedenfalls. Doch viele verharren auch in schmerzlichen oder missbräuchlichen Verhältnissen, denn mit denen sind sie wenigstens vertraut. Man sagt ja auch: »Der Teufel, den wir kennen, ist einem Beelzebub vorzuziehen, den wir nicht kennen.«

Die meisten, die sich auf unbekanntes Terrain vorwagen, hatten irgendwann das Gefühl, zwischen dem, der

sie waren, und dem, zu dem sie wurden, hin- und hergerissen zu sein. Die Reise erfordert Risikobereitschaft –
natürlich keine zur Schau gestellte halsbrecherische
Tollkühnheit, sondern die Bereitschaft, existenzielle oder
emotionale Risiken einzugehen –, der großen Angst ins
Auge zu sehen und alles loszulassen, was wir zu sein
glauben. Die Entscheidung, als friedvoller Krieger zu
leben, setzt daher viel Mut, Hingabe und Ausdauer
voraus (hilft aber auch, sie zu entwickeln).

Augustinus drückte es einmal sinngemäß so aus:
»Betet nicht für eine leichtere Last, sondern für stärkere
Schultern.«

Die Illusion, die wir Denken nennen

*»Vielleicht sollten wir für dich ein paar Begriffe neu definieren.
Denken zum Beispiel ist ein genauso verschwommenes Wort wie
Liebe. Die jeweilige Definition hängt ganz von deinem Bewusst-
seinszustand ab. Du kannst es folgendermaßen betrachten: Du
hast ein Gehirn, das deinen Körper steuert. Es sammelt Informationen und wendet diese Informationen an. Diese abstrakten
Vorgänge im Gehirn bezeichnen wir als Verstand. Was du als
Denken bezeichnest, kommt nirgends vor. Gehirn und Gedanken
sind nicht dasselbe. Das Gehirn ist real, die Gedanken nicht.
Dein Denken ist das illusorische Ergebnis einfacher Hirnvor-
gänge. Es wuchert – wie ein Tumor. Es umfasst all die zufälligen, ziellosen Gedanken, die aus dem Unterbewusstsein ins
Bewusstsein aufsteigen. Aber Bewusstsein ist nicht gleich Denken! Aufmerksamkeit ist nicht gleich Denken. Gewahrwerden
ist nicht gleich Denken. Das sogenannte Denken ist eine Stö-
rung, ein geistiger Kurzschluss. (…) Das Gehirn ist ein Werk-*

zeug, mit dem wir allerhand anfangen können. Es kann Tele-
fonnummern speichern, es kann mathematische Gleichungen
lösen und Gedichte ersinnen. So arbeitet es für den Rest unseres
Körpers, fast wie ein Traktor. Aber was ist, wenn du nicht
mehr aufhören kannst zu denken, wenn dir dauernd mathe-
matische Gleichungen oder Telefonnummern einfallen und
deine Gedanken unaufhörlich um Erinnerungen kreisen, ohne
dass du es willst? Das ist nicht mehr dein Gehirn, das funktio-
niert, sondern dein Denken, das ziellos umherschweift (…)
dein Traktor rast steuerlos durch die Gegend.«

Unabhängig davon, ob wir Socrates' Ausführungen nun
zustimmen oder nicht, wünschen wir uns doch oft, wir
könnten diese ständige Gedankenflut, die meistens mit
Sorgen, Bedauern und Ängsten einhergeht, endlich ein-
dämmen. Viele von uns versuchen daher durch Meditation, Yoga oder andere Praktiken, zur Ruhe zu kommen
und sich zu entspannen.

Im Laufe der Jahre habe ich mich eingehend mit dem
Problem der unkontrollierten Gedanken, die durch unser Bewusstsein flutschen, beschäftigt. Mitunter sind sie
ja ganz angenehm – schöne Erinnerungen, Fantasien
oder glückliche, friedvolle Bilder. Aber meistens besteht
das Zeug in unserem Kopf doch aus Problemen, Sorgen
und Dingen, die noch zu erledigen sind.

Unsere geistigen oder emotionalen Schmerzen wollen wir genauso loswerden wie die körperlichen. Daher
wirken Psychotherapeuten und Vertreter verwandter
Berufsgruppen wie kognitive Chiropraktiker, die versuchen, unsere Weltsicht wieder einzurenken.

Ich habe inzwischen Frieden mit meinem Kopf ge-
schlossen, egal, ob er gerade mit positiven oder mit nega-

tiven Gedanken angefüllt ist. Denken ist genauso natürlich wie eine sprudelnde Thermalquelle. Es kommt nur darauf an, dass wir unsere Gedanken nicht mit der Wirklichkeit verwechseln. Wir müssen sie nicht verändern, aber wir sollten ihnen auch keine Macht über unser Leben einräumen.

Als mir dämmerte, dass ich mein Handeln besser steuern kann als meine Gedanken oder Gefühle, begriff ich auch, was Socrates eigentlich sagen wollte. Es ging ihm gar nicht darum, dass ich mein Innenleben in Ordnung bringen sollte, er wollte mir vielmehr erklären, wie ich mich über die Launen meines Kopfes und meiner Emotionen erheben kann. Heute konzentriere ich mich ganz auf mein Tun und lasse den Rest so, wie er ist.

Das Gesetz des Nachgebens

»Der Regen war eine ganz normale Naturerscheinung. Deine Wut über das ruinierte Picknick und deine Freude, als die Sonne wieder schien, waren beide Produkte deines Denkens. Sie hatten nicht das Geringste mit den tatsächlichen Vorgängen zu tun. Du hast doch schon einmal erlebt, dass du unglücklich warst auf einem Fest, oder? Und bestimmt hatten deine trüben Gedanken nichts mit den Leuten zu tun, auch nichts mit deiner Situation.«

Mit der Erinnerung an unser verregnetes Picknick leitete Socrates meine Unterweisung in eine weitere Geschäftsregel ein: das geistige Gesetz des Nachgebens oder Annehmens, das besagt, dass Stress auftritt, wenn sich das Denken den Gegebenheiten widersetzt. Dieses Gesetz verlangt nicht, allen Vorlieben abzuschwören. Dass wir lieber Lust als Schmerz empfinden ist zum Beispiel ganz natürlich. Aber stellen wir uns doch nur einmal vor, wie sehr sich unser Leben verändern würde, wenn wir unsere Vorlieben Vorlieben sein lassen könnten, wenn wir lernen würden, alles, was kommt, wohlwollend anzunehmen und widerstandslos versuchen würden, das Beste daraus zu machen. Wie der griechische Philosoph Epiktet einmal sagte: »Lernt, euch zu wünschen, dass alles genau so kommen möge, wie es kommt.«

Wenn wir uns die Fähigkeit aneignen, dem Fluss des Lebens zu folgen, haben wir weniger Stress und psychische Turbulenzen. Diese Fähigkeit kommt allerdings nicht über Nacht, sondern entwickelt sich in einem Prozess, im Laufe dessen sich unser Blickfeld weitet und wir auch Widrigkeiten zu schätzen lernen.

Alles kommt, wie es kommt. Und das Beste aus dem Leben zu machen ist eine erwerbbare Kompetenz. In den Kampfkünsten neigen Anfänger dazu, einer Kraft Widerstand entgegenzubringen. Meister dagegen gehen mit der Kraft und nutzen sie zu ihrem Vorteil. Auch das gehört zum Lebensmodell eines friedvollen Kriegers.

Die dunkle Nacht der Seele

Ich fasste den eisernen Beschluss, mein normales Leben wieder aufzunehmen, dort, wo ich es vor ein paar Monaten verlassen hatte.

(…)

Das Leben war eine Qual für mich. Wenn andere lachten, tat es mir in den Ohren weh. Ich musste an Joy und an Socrates denken, wie sie kichernd herumtanzten, Zaubermeister und Hexe, und ihre Ränke gegen mich schmiedeten. Im Kino, wo ich nur meine Zeit vor der Leinwand absaß, verblassten die Farben auch der buntesten Farbfilme. Das Essen schmeckte wie Zahnpasta.

(...)

Es kam so weit, dass ich wie ein Phantom durch die Uni schlich. Meine Welt war durcheinander – das Unterste zuoberst, das Innerste nach außen gekehrt. Klar, ich hatte mich angestrengt, zur alten Routine zurückzufinden, aber vergeblich. Ich hatte mich im Training verausgabt – aber auch das war sinnlos geworden.

Die Professoren redeten weiter vom Lebensgefühl der Renaissance, von den Instinkten der Ratte, von Miltons Verlorenem Paradies.

Socrates sagte einmal: »Ich nenne mich friedvollen Krieger, weil die wirklich wichtigen Schlachten im Inneren geschlagen werden.« Jetzt sah ich mich meiner eigenen inneren Schlacht gegenüber – einer Zeit von Desillusionierung, Zynismus und geistiger Lähmung. Ich hatte das Gefühl, zwischen zwei Welten festzustecken, keiner von beiden richtig zugehörig. Eigentlich wollte ich zurück, doch dafür hatte ich schon viel zu viel gesehen; andererseits fand ich aber auch keinen Weg, der mich voranbringen könnte.

Im Prozess der Reorganisation meiner Psyche erlebte ich eine leidvolle Periode tief gehender Desorientierung, einer Geisteskrankheit nicht ganz unähnlich. Diese Zeit war meine dunkle Nacht der Seele, wie solche Krisen in einigen spirituellen Traditionen auch genannt werden. In dieser dunklen Nacht der Seele kann es ziemlich einsam sein, denn mitunter ist die Verständigung mit anderen dann sehr mühsam. Von außen sieht das Leben in solchen Zeiten vielleicht noch relativ normal oder sogar ganz vergnüglich aus, es fühlt sich aber völlig anders an.

Doch wenn wir unseren dunklen Nächten mit Gleichmut begegnen, können diese Erfahrungen zu mehr Licht und neuem Mitgefühl führen. Derartige Strapazen und Prüfungen bergen wichtige Lektionen. Ich habe zum Beispiel gelernt, dass es während des spirituellen Wachstums eine Phase gibt, in der wir uns fast obsessiv mit uns selbst beschäftigen. Das ist ganz normal: Selbstvergewisserung. Selbstbeobachtung. Selbstreflexion. Bevor wir unser Selbst transzendieren können, müssen wir es zunächst kennenlernen.

Die Konzentration auf sich selbst ist notwendig, um den Pfad der persönlichen Entwicklung erklimmen zu können – ähnlich wie man auf einer Bergwanderung mitunter auch durch einen dichten Wald muss, um sein Ziel zu erreichen. Wir wollen uns aber keinesfalls in den Schatten verlieren. Wenn die Beschäftigung mit sich selbst chronisch wird, führt sie auch zu Unzufriedenheit. Der Prozess der Selbsterkenntnis ist also notwendig und nützlich, sollte aber nach einer gewissen Zeit abgeschlossen werden.

Sobald wir durch objektive Selbstbeobachtung gelernt haben, uns realistisch zu betrachten, wird es Zeit, die Aufmerksamkeit wieder ins Außen zu richten. Der japanische Psychiater Shoma Morita drückte das einmal so aus: »Wenn du an einem Spiegel vorbeikommst, solltest du auch auf den Rahmen achten.«

Wir Menschen sind manchmal wie Kinder, die schlafen wollen und jemand schüttelt uns und schreit »Wacht auf!«. Wir neigen dazu, jeden zu verherrlichen, der uns Reichtum, Erfolg und eine Menge guter Gefühle verspricht. Wenn dann aber jemand daherkommt, der uns wirklich aufwecken will, nehmen wir es ihm mitunter so übel, dass wir nicht einmal davor zurückschrecken, ihn ans Kreuz zu nageln.

Als ich Socrates kennenlernte, führten meine Widerstände und die rigide Investition in meine Identität zu besagtem Kampf in dunkler Nacht. Eine ziemlich häufige Grenzmarkierung auf dem Pfad des Erwachens. Doch all meinen Widerständen und Ängsten zum Trotz gelang es Socrates, mich lange genug bei der Stange zu halten, um mir die Scheuklappen meines Selbstbildes und meiner Selbsttäuschung zu nehmen. Während ich diese Phase der Desillusionierung und Verzweiflung durchmachte, sah ich am anderen Ende des Tunnels eine solche Klarheit und Freiheit, dass es die ganze Tortur wert war.

Diese Tortur ist aber keineswegs unvermeidlich. Wer bereit ist, seinen Widerstand aufzugeben, kann durch Vertrauen und Akzeptanz auch ganz spontan und angenehm erwachen, auf ganz unerwartete Art und Weise. Beim Buddha führte das Sitzen unter dem Bodhibaum zu einem solchen Erwachen. Erkenntnisse und Erwachen können überall auftreten, immer, wenn wir bedingungslos das Herz öffnen. Es kann sein, dass wir in einem einzigen kurzen Moment wiedergeboren werden. Möge es so sein!

Arbeit an sich selbst,
Arbeit an der Gesellschaft

Ich trottete stumpf über die Sproul Plaza – Studentendemonstrationen, wohin man schaute, jeden Tag Teach-Ins und was noch – und ich ging an allem vorbei wie im Traum. (…) So ließ ich mich treiben, ein Fremder in fremdem Land, gefangen zwischen zwei Welten, weder zur einen noch zur anderen gehörend.

Obwohl die Geschichte, die ich im *Pfad des friedvollen Kriegers* erzähle, während des Vietnamkrieges und der Studentenunruhen in Berkeley spielt, kommen diese Ereignisse darin kaum vor. Genau genommen ist der gerade zitierte Abschnitt sogar der Einzige, in dem ich die Demonstrationen erwähne. Den politisch und gesellschaftlich Interessierten unter meinen Lesern ist das durchaus aufgefallen.

Wie keinem Angehörigen meiner Generation konnten das Aufbegehren und der berechtigte Zorn der jugendlichen Aktivisten jener Zeit und speziell an jenem Ort natürlich auch mir nicht entgehen. »Schlagt das Establishment! Nieder mit dem Staat! Make love, not war!« Aber ich wollte kein zeitgeschichtliches Dokument oder einen politischen Kommentar verfassen. Was ich im Sinn hatte, war etwas Intimeres, die Geschichte einer geistigen Transformation, die Revolution im Herzen eines jungen Mannes, die die in zahllosen Herzen und Köpfen aller Epochen und aller Kulturen widerspiegelt. Mir ging es mehr um Zeitloses als um Zeitgeschehen.

Albert Einstein hat sinngemäß einmal bemerkt, man könne Probleme nicht auf dem gedanklichen Niveau lösen, das sie überhaupt erst hervorgebracht hatte. Daher ist ein Massen-Erwachen vielleicht die einzige Revolution, die die Herzen, Wertvorstellungen und Prioritäten in unserer Welt tatsächlich zu verändern vermag.

Hier ein Intelligenztest: Man zeigt uns ein Waschbecken mit einem Stöpsel im Ausguss, und das Wasser läuft schon auf den Fußboden. Daneben stehen Wischmopp und Eimer. Der Intelligenztest besteht nun in der Entscheidung, die wir treffen: Greifen wir zum Wischmopp und fangen an den Boden aufzuwischen, oder stellen wir zuerst das Wasser ab und ziehen den Stöpsel? Jede Zeit hat ihren eigenen Aufruhr und ihr eigenes Leid; und Politik ist eine notwendige Form des Aufwischens.

In der globalen Arena der Politik und der Nationen tun viele hochgesinnte, intelligente, wohlmeinende, fleißige Männer und Frauen ihr Bestes, um zwischen Interessengruppen und widerstreitendenden Ideologien zu vermitteln, die von Angst, Egoismus und Konkurrenz geprägt sind. Der ewige Präsidentschaftskandidat Eugene McCarthy sagte einmal: »Politikern geht es wie Footballtrainern: Man muss zugleich schlau genug sein, um das Spiel zu verstehen, und blöd genug, es für wichtig zu halten.«

Die spirituelle Veränderung in den Herzen der Menschen, wie ich sie im *Pfad des friedvollen Kriegers* schildere, befähigt uns eines Tages vielleicht, die Menschheit als eine große Familie zu sehen, den Stöpsel zu ziehen und das Blutvergießen, das unseren Planeten bis auf den heutigen Tag quält, einzudämmen.

Aus diesen Gründen also ging ich im *Pfad des friedvollen Kriegers* nicht auf die Ereignisse der Sechzigerjahre, auf die ideologischen Auseinandersetzungen und wechselhaften politischen Dramen ein, sondern konzentrierte mich ganz auf die inneren Kämpfe und das allgemeine Streben nach Erleuchtung.

Allen, die soziale und politische Lösungen für die Probleme unserer Welt suchen, ist mein Beifall sicher. Doch während die Aktivisten ihrer Berufung nachgehen, werde ich weiterhin von einem Weg der persönlichen Transformation sprechen, der auch seinen Teil zu einer fried- und liebevolleren Welt beiträgt.

Sein oder Nichtsein?

Eines Nachmittags saß ich wieder mal unter den Redwoodbäumen am Rande des Campus und sinnierte, wie ich mir am besten das Leben nehmen könnte.

Viele von uns machen irgendwann Zeiten durch, in denen wir uns die existenzielle Frage stellen müssen, die William Shakespeares junger Hamlet einst aufwarf:

> *Sein oder Nichtsein, das ist hier die Frage:*
> *Ob's edler im Gemüt, die Pfeil und Schleudern*
> *Des wütenden Geschicks erdulden, oder*
> *Sich waffnend gegen eine See von Plagen,*
> *Durch Widerstand sie enden. Sterben – schlafen –*
> *Nichts weiter! – und zu wissen, dass ein Schlaf*
> *Das Herzweh und die tausend Stöße endet,*
> *Die unsers Fleisches Erbteil – 's ist ein Ziel*
> *Aufs innigste zu wünschen. Sterben – schlafen –*
> *Schlafen! Vielleicht auch träumen! – Ja, da liegt's:*
> *Was in dem Schlaf für Träume kommen mögen …*

Ich strolchte in dieser Zeit wie ein Obdachloser auf dem Campus umher – unrasiert, ungekämmt, entfremdet, verloren zwischen Vergangenheit und Zukunft, zwischen den Annehmlichkeiten des normalen Lebens und dem beängstigenden Unbekannten, das mir Socrates zu bieten hatte.

In diesem leidvollen Zustand der psychischen Lähmung blieb mir gar nichts anderes übrig, als mich mit Fragen von Sinn, Leben und Tod zu beschäftigen. An diesem inneren Abgrund, vor dem ich stand, drang ich bis zum Kern meines Lebens, meiner Identität, meiner ganzen Existenz vor. Ich war nicht bereit, einen Schritt weiterzugehen und mich in den Tod zu stürzen, konnte mich aber in jeden hineinversetzen, der vor der entsetzlichen Tiefe dieses Abgrunds stand. Darüber zu schreiben war mein Versuch, diesen Menschen die Hand zu reichen und ihnen zu sagen: Die Geschichte, in der ihr euch befindet, ist noch nicht zu Ende. Niemand kennt ihr nächstes Kapitel, keiner weiß, was der kommende Tag, der nächste Moment bringen wird. Wie düster es um uns herum auch sein mag, welchen Schmerz und welche Leere wir auch empfinden mögen – Verzweiflung, Hoffnungs- und Sinnlosigkeit –, wenn wir einfach weitermachen, folgt auf diese dunkle Nacht ein weiterer Sonnenaufgang. Seht also der Angst ins Auge und gebt eurer Verzweiflung nicht nach. Lasst das Ego sterben, schützt aber euren Körper. Lasst zu, dass dieser »Tod« zu einer Wiedergeburt führen kann. Und so sicher, wie auf die Nacht der Tag folgt, so sicher führt der Tunnel ins hellere Licht.

Eine neue Art zu leben

»Du musst überhaupt nichts, außer endlich aufhören damit, die ganze Welt ausschließlich aus dem Blickwinkel deiner Wünsche zu sehen. Hör auf, lass los! Lass deine Gedanken los, vielleicht kommst du dann zu Verstand. Bis dahin aber musst du sehr sorgfältig auf deinen Gedanken-Müll aufpassen.«

Hier mahnte Socrates mich, auf die Wirklichkeit um mich herum zu achten, statt mir bloß den Kopf darüber zu zerbrechen. Er zog den Gedankenschleier weg, der sich vor meine unmittelbare Wahrnehmung geschoben hatte. Als sich mein Gewahrsein im Laufe der Zeit auf meine Umwelt fokussierte, fing ich an, die Temperatur der Luft auf meiner Haut zu spüren; allmählich nahm ich die Düfte wahr, die der Wind zu mir trug, sah und hörte viel mehr von der Multimediawelt, die wir unser Alltagsleben nennen.

Socrates zog mich aus meiner subjektiven Gedankenwelt heraus – aus meiner Beschäftigung mit und meiner Anhaftung an jeden vorbeiziehenden Gedanken, Impuls, jedes Gefühl – in eine geräumige Sinnenwelt. Indem ich mein kleines Selbst losließ, erwachte ich zu einem größeren Leben.

Der Sprung in die Freiheit

In der Meditation auf einen Tautropfen
entdeckte ich das Geheimnis des Meeres.

Kahlil Gibran

Aufmerksamkeit

Später am Vormittag ging ich zum Lauftraining auf das Ed-
wards Field. Dort lernte ich Dwight kennen, der an der Law-
rence Hall of Science, draußen in den Berkeley Hills arbeitete.
Ich musste ihn zweimal nach seinem Namen fragen, weil ich
beim ersten Mal nicht richtig hinhörte; ein weiteres Zeichen für
meine schwache Aufmerksamkeit und meine Gedankenflucht.
Nach ein paar Runden sagte Dwight irgendetwas von »klarem
blauen Himmel«. Ich war so in Gedanken verloren, dass ich
das schöne Wetter nicht einmal bemerkt hatte. Irgendwann
ließ Dwight mich hinter sich und rannte ins offene Hügelland
hinaus – er war Marathonläufer –, während ich nach Hause
zurückkehrte, über meine Gedanken nachgrübelnd. Eine frus-
trierende Beschäftigung!

In dieser Phase meiner Ausbildung ging es Socrates darum, mir zu verdeutlichen, wie sehr meine unmittelbare Wahrnehmung der Realität durch mein Denken beeinträchtigt wurde. Ich begann zu begreifen, in welchem Maße ich von den Dingen, die sich in meinem Kopf abspielten, absorbiert wurde. Ich nahm ja kaum wahr, was um mich herum geschah. Ich bekam die Namen von Leuten nicht mit und ließ mir auch andere Details entgehen. Wenn ich nicht gerade gezwungen war, mich zu konzentrieren, weil ich durch die Luft flog oder mich um die Holmen schwingen ließ, achtete ich mehr auf meine Gedanken über die Welt als auf die Welt selbst.

Viele von uns sind bestimmt schon einmal kilometerweit auf der Autobahn gefahren und haben dann plötzlich mitbekommen, dass sie so in Gedanken versunken waren, dass sie die letzte Strecke gar nicht registriert haben. Oder haben die Ausfahrt verpasst. (Eine ziemlich beängstigende Erkenntnis, wenn man mal überlegt, wie viele abgelenkte, geistesabwesende Leute so auf den Straßen unterwegs sind.)

Wir Menschen sind Linsen, die Bewusstsein zu Aufmerksamkeit bündeln. Diese Aufmerksamkeit können wir richten, worauf immer wir mögen. Überlassen wir sie jedoch sich selbst, streunt sie umher wie ein Kind, das schlafwandelnd durch einen Traum stolpert. Im einen Moment konzentrieren wir uns auf unser Essen. Im nächsten wird irgendwo in der Nähe gelacht, und schon nehmen wir den Geschmack auf der Zunge nicht mehr wahr. Dann wird die Aufmerksamkeit einen Augenblick lang von irgendeinem Gedanken gefesselt. Und wenn wir dann wieder auf den Teller schauen, ist er leer. So gehen sie, die Spielchen der Aufmerksamkeit.

Auf irgendetwas achten wir immer. Die Frage ist nur, worauf wir unsere Aufmerksamkeit richten – Moment für Moment. Nach innen oder nach außen, auf den Schlamm oder die Sterne.

Gedankenwellen

Zuerst musst du begreifen, woher deine Gedanken kommen, wie sie überhaupt entstehen. Jetzt, zum Beispiel, bist du erkältet. Es ist ein körperliches Symptom, das dir sagt, dass dein Körper wieder ins Gleichgewicht kommen muss, dass er Sonne, frische Luft und einfache, gesunde Nahrung braucht, dass er sich harmonisch auf seine Umwelt einstellen will. (…) Auch müßige Gedanken, die deine Aufmerksamkeit ablenken, sind Symptome. Sie zeigen dir, dass du verstimmt bist, dass du nicht mehr im Einklang mit deiner Umwelt lebst. Wenn der Kopf sich dem Gang des Lebens widersetzt, steigen die Gedanken auf. Wenn dir etwas zustößt, das deinen festgefügten Ansichten widerspricht, fängt das Grübeln an.
(…)
Hast du die Ursache klar erkannt, werden deine Gedankenwellen dir nichts mehr anhaben können. Du wirst sie einfach registrieren, ohne dich mit ihnen zu identifizieren. Du brauchst nicht mehr jedes Mal, wenn ein Steinchen fällt, übertrieben zu reagieren. Du wirst frei sein von den Wirbeln der Welt, sobald du deine Gedanken beruhigen kannst. Denke daran, wenn du Probleme hast, lass deine Gedanken los und wehre dich gegen dein Grübeln!«

Eine der Lektionen, die – für mich jedenfalls – mit am schwersten zu begreifen waren, war die, dass mein emotionales und geistiges Leiden gar nicht so sehr aus dem herrührte, was tatsächlich geschah, sondern eher aus den Gedanken, die ich mir darüber machte. Oder wie Mark Twain es einmal ausgedrückt hat: »In meinem Leben hatte ich viele Probleme. Die meisten davon sind gar nicht erst aufgetreten.«

Selbst körperliche Schmerzen unterliegen den Einflüssen von Gedanken und Stress. Wenn uns etwas wehtut und wir unsere Aufmerksamkeit auf Dinge richten, die sich gerade um uns herum abspielen, also nicht daran denken, wann die Schmerzen angefangen haben, wie lange sie wohl anhalten oder was dahinterstecken könnte – wenn es also einfach nur wehtut, ohne Komplikationen oder sonst etwas –, leiden wir weniger. (Schmerzen ohne Angst oder Anspannung sind lange nicht so intensiv wie Schmerzen plus Angst.)

Schmerzen auf geistigem oder emotionalem Gebiet entstehen aus Widerstand – und aus Glaubenssätzen, die uns sagen, was sein darf und was nicht sein sollte. Der erste Schritt zur Befreiung besteht darin, vom Posten des Generalmanagers des Universums zurückzutreten und den Rat des Schriftstellers Isaac Bashevis Singer zu beherzigen: »Das Leben ist Gottes Roman. Lasst also auch zu, dass er ihn schreibt.«

Ich gehe schon längst nicht mehr davon aus, dass ich weiß, wie sich das Leben entwickeln sollte; und dieses Loslassen erzeugt ein Gefühl von Freiheit. Das heißt nicht, dass mir alles egal wäre oder dass ich keinerlei Idealvorstellungen hätte. Natürlich folgt mein Handeln dem Ruf meines Herzens, meinen Interessen und meinen Wertvorstellungen. Sowohl meine privaten als auch meine beruflichen Anstrengungen stehen im Einklang mit meinen Zielen. Wenn ich das Ziel aber einmal ins Auge gefasst habe und der Pfeil in der Luft ist, kann ich nur interessiert schauen, wo er wohl landen wird.

Das Schwert des Schweigens

»Schweigen ist die Kunst des Kriegers – und die Meditation ist sein Schwert.
(…)
Er nutzt es, um seine Grübeleien und müßigen Gedanken in Fetzen zu hauen und um ihre Leere zu offenbaren.«

Früher sah man in der Meditation nur ein religiöses Ritual aus dem Fernen Osten. Heute ist sie längst auch in der westlichen Welt anerkannt. Viele Bücher und zahlreiche Lehrer erläutern die verschiedenen Traditionen aus Indien, China und Japan. Die transzendentale (Mantra-)Meditation allein hat Hunderttausende mit dieser uralten Praxis bekannt gemacht. Viele üben sich auch im *zazen*, dem »reinen Sitzen«. Die positiven Effekte der Meditation werden zunehmend sogar von wissenschaftlicher Seite anerkannt.

Manche Suchende stellen die nützliche Praxis der Meditation aber auf einen Sockel, verherrlichen sie als Schlüssel zur Erleuchtung. Ziemliche Missverständnisse herrschen zudem in Bezug auf Methode und zu erwartende Ergebnisse.

Socrates hatte ein breites Spektrum verschiedener Praktiken erlernt und fand heraus, dass es keinen Ansatz gibt, der sich für alle gleichermaßen gut eignet; für jeden Einzelnen gilt es herauszufinden, was in seiner speziellen Lebensphase gerade richtig für ihn ist.

Bei allem, was Übungssache ist (auch Liegestütze und Geigenspiel), werden wir mit der Zeit besser. Doch die Fortschritte der nach innen gerichteten Kunst der Meditation lassen sich schwer messen. Wenn wir dasitzen und die Augen schließen, kann es leicht geschehen, dass wir uns Tagträumen hingeben. Nun bin ich ein großer Fan von Tagträumen. Aber ich verwechsele sie nicht mit einer Meditationsübung, bei der es darum geht, alles, was ins Bewusstsein dringt, loszulassen – am Ufer zu sitzen und den Fluss zu beobachten, statt sich von den Fluten mitreißen zu lassen.

Zur Erleuchtung führt eine derartige Meditationspraxis nicht unbedingt; eher ist sie eine Übung der Erleuchtung: Wenn wir mit geradem Rücken dasitzen – uns weder in die Zukunft vorbeugen noch in die Vergangenheit zurücklehnen –, den Körper entspannen, auf den natürlichen Atemfluss achten, während Gedanken, Gefühle und Empfindungen hochkommen, nehmen wir die Haltung und Einstellung eines Zeugen ein – reines, losgelöstes, transzendentes Bewusstsein, das alles beobachtet und alles zulässt, das sich an nichts klammert, bis wir schließlich realisieren, dass wir dieses Bewusstsein jenseits von Körper, Geist und Identität sind.

Der Prozess selbst – eine Auszeit von der vorbeiziehenden Welt – ist Lohn genug. Wenn wir unsere Aufmerksamkeit unangestrengt auf den Atem richten oder auf ein Mantra, einen inneren Ton oder ein inneres Bild, scheint sich das Denken zu beruhigen und die Zeit vergeht schnell, wenn unsere Aufmerksamkeit in einem zeitlosen Raum der Versunkenheit zur Ruhe kommt, den man in manchen Traditionen *samadhi* nennt und in anderen *satori.*

Wenn wir die Augen dann wieder öffnen und unser Alltagsleben weiterführen, tauchen weiterhin Gedanken auf. Bei der Meditation geht es nicht darum, Gedanken loszuwerden, sondern darum, Frieden mit ihnen zu schließen und ihre Substanzlosigkeit zu erfassen. Wenn wir das Wesen unseres Denkens einmal erkannt haben, ist die Übung nicht länger nötig, dann ist sie bloß noch eine angenehme Pause von den Geschäften der Welt – eine innere Rückzugsmöglichkeit, eine Art Sabbat, Ruhe und Erfrischung.

Die Welt ist viel interessanter als die Gedanken, die wir uns über sie machen. Innenschau bringt etwas, die Sicht auf die Außenwelt aber auch. Der Pfad des friedvollen Kriegers beinhaltet, beides mit voller Aufmerksamkeit zu tun, sodass auch die Welt um uns herum zum Gegenstand der Meditation wird.

Der spirituelle Fortschritt

Nachdem der große Schlitten davongerauscht war, konnte ich mich nicht mehr halten. »Socrates, du warst so höflich zu diesen Leuten. Aber die blaugewandeten Sucher, die doch eindeutig auf einer höheren Stufe der menschlichen Entwicklung stehen, hast du behandelt wie den letzten Dreck. Warum?«
Und endlich einmal bekam ich eine einfache, klare Antwort: »Die einzige Entwicklungsstufe, die dich interessieren sollte, ist meine – und deine eigene!«, sagte er grinsend. »Diese armen Leutchen brauchten ein wenig Freundlichkeit. Die spirituellen Sucher dagegen, die brauchten etwas zum Nachdenken.«

Socrates verfügte über die Fähigkeit, die Menschen zu unterscheiden und jedem das zu geben, was er am meisten brauchte – und das war keineswegs immer das, was sie wollten. Manche brauchen zu einem bestimmten Zeitpunkt einfach nur Freundlichkeit, Respekt und Höflichkeit. Andere, und zu denen gehöre auch ich, benötigen gelegentlich eine etwas härtere Gangart der Liebe.

Die äußeren Erscheinungsformen und das ganze Drumherum der Spiritualität sind im Grunde nicht viel mehr als modische Bekenntnisse. Egal, was wir anziehen oder wo wir wohnen, letztlich ist und bleibt unser Verhalten der verlässlichste Indikator unserer spirituellen Reife. Auch wenn wir über die Verästelungen des Bewusstseins, über esoterische Denk- oder Arbeitsweisen Bescheid wissen, die eigentlich Frage ist doch: Sind wir in der Lage, Freundlichkeit und Mitgefühl an den Tag zu legen, auch wenn wir uns gar nicht danach fühlen? Handeln wir konstruktiv, positiv und funktional? Herrscht Balance in unserem Leben? – und dazu gehören auch hinreichend Bewegung, ausgewogene Kost und genügend Ruhe. Gehen wir auch alles, was wir tun (sei es Kindererziehung, Berufstätigkeit, Spiel oder Gartenarbeit), auf qualitativ hohem Niveau an und sehen darin einen Weg, dienstbar zu werden und zu wachsen?

Unsere Geschichte besteht aus dem, wie wir leben und was wir tun, von Moment zu Moment. Das war schon immer so. Deshalb konnte Mahatma Gandhi auch sagen: »Meine Lehre ist das Leben, das ich führe.« Dasselbe galt für Socrates, und ich hoffe, für mich auch.

Landkarten und Glühbirnen

»Was du brauchst, um auf dem richtigen Weg zu bleiben, ist eine besondere Landkarte – eine Karte, die das ganze Gebiet umfasst, das du erforschen willst. Erst dann wirst du den Wert und die Grenzen der Meditation erkennen. Und ich frage dich, wo bekommt man eine gute Landkarte?«

Socrates hatte mehr Metaphern im Angebot als Motor-ölmarken. Einiges von dem, was er mir mit auf den Weg gab und was ich meinen Lesern auch seit fünfund-zwanzig Jahren anbiete, sind Landkarten für das Gebiet des Alltagslebens.

Wenn wir unser Leben mit einer Bergtour verglei-chen, kann man sagen, dass viele verschiedene Routen zum Gipfel führen; jeder wählt seine eigene und be-stimmt auch sein persönliches Tempo. Und diejenigen von uns, die sich schon früher auf den Weg gemacht ha-ben, manchmal auch gestolpert sind und sich wieder aufrappelten, können dabei nützliche Hinweise geben – eine detaillierte Karte des Gebirges.

Eine solche hat mir Socrates angeboten, und auch ich habe eine parat. Damit stehe ich keineswegs allein. Jeder kann von unseren Erfahrungen profitieren. In den Kampfkünsten sagt man ja auch gern: »Lerne ein Tagespensum, lehre ein Tagespensum.« Mitunter sind die Meister auf dem Gipfel nicht so nützlich wie Men-schen, die uns noch so nahe sind, dass sie sich zu uns umblicken und uns eine helfende Hand reichen oder ein freundliches Wort schenken können. Und wir kön-nen dasselbe für die tun, die nach uns kommen.

Der visionäre Pfad des mystischen Erlebnisses

Im nächsten Moment hatte ich das Gefühl, als schwebte ich irgendwo draußen im Weltraum, ich dehnte mich aus mit Lichtgeschwindigkeit, blähte mich, explodierte bis an die äußersten Grenzen des Seins, bis ich das ganze Universum war. Da gab es nichts von mir Getrenntes. Ich war Alles. Ich war Bewusstsein, das sich selbst erkennt; ich war das reine Licht, das die Naturwissenschaft aller Materie zuschreibt und das die Dichter als Liebe besingen. Ich war Eins, und ich war Alles. (…)

Blitzartig war ich dann wieder zurück in meiner sterblichen Hülle, und jetzt schwebte ich zwischen den Sternen. Ich schaute ein gläsernes Prisma, geformt wie ein menschliches Herz, und es war so groß, dass die Galaxien daneben verschwanden. Reines Licht der Bewusstheit strahlte es aus, in einem berstenden Regen leuchtender Farben, funkelnde Splitter in allen Tönen des Regenbogens über den ganzen Kosmos verstreuend.

Mein Körper selbst wurde zum leuchtenden Prisma, das Strahlen in allen Farben, nach allen Richtungen aussandte. Und ich begriff, dass es der höchste Zweck des menschlichen Körpers sei, selbst ein reines Behältnis für dieses Licht zu werden.

(…)

Und ich erfuhr die Bedeutung von Aufmerksamkeit. Es ist die willentliche Bündelung von Bewusst-Sein. (…) Zuletzt wurde mir das Wesen wahrer Meditation zuteil. Sie besteht darin, die Wachheit, das Bewusst-Sein zu erweitern und die Aufmerksamkeit zu zentrieren, um sich am Ende dem Licht der Bewusstheit hinzugeben.

(…)

»Siehst du«, sagte er in beiläufigem Ton, »solche kleine Reisen ersparen mir komplizierte Erklärungen, die ich dir geben müsste, um dich zu ›erleuchten‹.«

Das war auch eine dieser inneren Reisen, die Socrates, wie er sagte, »komplizierte Erklärungen« ersparten. Mit dem Schreiben über diese inneren Reisen verfolgte ich denselben Zweck.

Nehmen wir an, Socrates hätte mir einen Stuhl hingestellt und mir eine Vorlesung über das Wesen von Bewusstsein, Wachheit und Aufmerksamkeit gehalten. Bestimmt hätte er sich präzise, deutlich, vielleicht sogar packend ausgedrückt. Und trotzdem hätten seine Worte längst nicht den starken Eindruck auf mich und meine Leser gemacht wie die unmittelbare Erfahrung.

Poesie ist eindringlicher als Prosa, weil sie sich der Sprache des Unbewussten bedient und ihre Saat durch die Verwendung von Metaphern, Archetypen und Symbolen unter der Oberfläche des Denkens einbringt. Vergleichbar stellt die lebhafte Bildsprache der visionären Reisen eine Art fliegenden Teppich dar, mit dessen Hilfe wir die Tiefe des Raums unserer Psyche besuchen können.

Paradoxes, Humor und Veränderung

Er holte eine Visitenkarte hervor. Sie sah ganz normal aus, das einzig Besondere war ein schwaches Leuchten. In geprägten Lettern stand dort:

> *Krieger AG*
> *Geschäftsführer: Socrates*
> *Spezialisiert auf:*
> *Humor, Paradoxes*
> *und Veränderung*

Paradoxes, Humor und Veränderung – das dreifach ewige Wahre, auf dem Socrates' Botschaften und Lehren beruhten. Diese drei Wörter fassen den Zustand der Welt, des Lebens und des Universums zusammen. Die Geschäftsregeln, die geistigen Gesetze, auf die sich Socrates immer wieder gern bezog, entstammen alle dieser Dreieinigkeit.

Im Film fasst Dan diese Dreieinigkeit während einer Bergwanderung nach seinem Verständnis zusammen. Aber Socrates würde uns natürlich sofort daran erinnern, dass wahres Verständnis im *Tun* liegt.

Das Paradoxe zeugt von der kosmischen Tatsache, dass wir in einer Welt voller augenscheinlicher Dualitäten (Licht und Dunkel, Gut und Böse) leben und dass beide Aspekte simultan existieren. Der berühmte erste Satz von Charles Dickens' *A Tale of Two Cities* lautet: »Es war die beste aller Zeiten und die schlimmste; es war eine Zeit der Weisheit und eine der Narretei ...«

Selbst in unserer Psyche existieren polarisierte Charaktere: der Puritaner und der Hedonist, der Gläubige und der Zweifler, der Gesellschaftslöwe und der einsame Wolf. Auf diese Dualitäten des Lebens und der Psyche weisen Paradoxa hin – und auf das Geheimnis unserer Existenz.

Im Alltag stoßen wir auf eine ganze Reiher paradoxer Wahrheiten: Wir sind voneinander getrennt, aber dennoch eins; Zufälle geschehen, doch es gibt gar keinen Zufall; der Tod ist real, und trotzdem ist er eine Illusion. Je nach Sichtweise – konventionell oder transzendental betrachtet – haben beide Perspektiven ihre Gültigkeit.

Und noch mehr Paradoxes: Wir suchen nach Sinn und Bedeutung und finden heraus, dass das Leben ein Mysterium ist. Wir geben uns alle Mühe, in der Gegenwart zu leben, dabei gibt es die eigentlich gar nicht. (Denn während ich das Wort *jetzt* ausspreche, kommen und gehen zwischen dem J und dem t tausend Momente.) Wir können den Augenblick nicht beim Schopf packen, den Tag nicht pflücken, können uns nur dem Fluss der Zeit hingeben. Vergangenheit, Zukunft und Gegenwart gibt es nicht – es gibt überhaupt keine Zeit. Wenn ich von »in der Gegenwart bleiben« spreche, meine ich damit die Konzentration auf das, was unmittelbar vor unseren Augen liegt, und sich weder mit Erinnerungen noch mit fantasierten Zukunftsaussichten aufzuhalten. (Sowohl die Vergangenheit als auch die Zukunft sind hübsche Aufenthaltsorte – aber leben, leben wollen wir dort doch nicht.)

Der Begriff *friedvoller Krieger* ist selbst ein Paradox – wie kann man beides zugleich sein? Wenn wir diese scheinbaren Gegensätze aber vereinen, bilden sie ein Ganzes, das größer ist als die Summe seiner Teile: Liebe und Mut – ein friedvolles Herz und ein kriegerischer Geist.

Wenn Socrates von *Humor* sprach, meinte er damit viel mehr als Brüllwitze. Der Humor, den er im Sinn hatte, ist der göttliche Humor, der sich aus einer transzendentalen Perspektive ergibt – das Leben oder auch den Tod, das eigene Selbst und die Welt nicht ganz so ernst nehmen. Mit unseren zwei Augen betrachtet, sieht das Leben manchmal ganz schön ernst aus. Mit den Augen Gottes (oder Socrates') gesehen, betrachtet aus der unermesslichen Leere des Raums mit seinen Milliarden herumwirbelnder Galaxien werden unsere Problemchen mit tropfenden Wasserhähnen oder Beziehungskisten in die richtige Perspektive gerückt und der Humor wird wiederhergestellt.

Veränderung ist, wie bereits gesagt, eines der Gesetze, denen die Wirklichkeit unterliegt. Der griechische Philosoph und Staatsmann Marc Aurel sagte einmal: »Das Leben ist ein Fluss vorüberziehender Ereignisse; sobald eines in den Blick kommt, ist es auch schon wieder vorübergeschwommen und ein anderes an seine Stelle getreten, und auch das wiederum wird vorbeischwimmen.«

Unsere Gedanken, Gefühle, aber auch die Wirklichkeit verändern sich von einem Augenblick zum anderen; selbst unsere Körperzellen verändern sich unablässig. In diesem Moment bin ich freundlich, im nächsten gedankenlos. Selbst das, was wir das »Ich« nennen, ist nicht in Stein gemeißelt, sondern ein Prozess, eine Reihe von – abwechselnd freundlichen, verrückten, konzentrierten, diffusen – Handlungen, mal so, mal so. Und auch die Welt um uns herum verändert sich von einem Augenblick zum nächsten, Tag für Tag, Jahr für Jahr. Menschen kommen und gehen, werden geboren und sterben, treten auf und treten ab. Wir wünschen uns ewige Liebe, hängen an unseren Besitztümern. Aber alles Sterbliche stirbt, Materie wird zu Staub, und alles, was wir lieben, verlieren wir auch wieder. Buddha lehrt: »Alles, was beginnt, endet auch. Findet euch damit ab, und alles wird gut.«

Socrates meinte einmal, dass wir mit dem Fluss der Wirklichkeit umso besser klarkommen, je mehr wir das Paradoxe, den Humor und die Veränderung akzeptieren. Finden wir uns also mit dem Paradoxen ab, betrachten wir die Welt mit Humor und heißen wir Veränderungen ohne Widerstand willkommen, genau wie der japanische Dichter Masahide, der schrieb: »Jetzt, da mein Haus abgebrannt ist, habe ich eine bessere Sicht auf den aufgehenden Mond.«

Der geistlose Körper

»Der Kern der Sache ist: Es gibt zwei gleichzeitig ablaufende Prozesse. Der eine ist die Einsicht *– die Bereitschaft, die Aufmerksamkeit zu konzentrieren und das Bewusstsein auszurichten auf das, was du sehen willst. Der andere ist die* Hingabe *– das Loslassen aller Gedanken, die aufsteigen mögen. Das ist die wahre Meditation; und das ist der Sprung in die Freiheit des Geistes.*

(…)

Das Bewusstsein ist nicht im Körper, vielmehr ist der Körper *im Bewusstsein.* Und *du bist* dieses *Bewusstsein,* nicht *dieser Phantom-Geist, der dich plagt. Du bist der Körper, aber du bist auch alles andere. Das ist's, was deine Vision dir offenbart hat. Nur der Geist lässt sich täuschen, weil er sich durch Veränderungen bedroht fühlt. Sei einfach in deinem Körper, entspannt, ohne nutzlose Gedanken, dann wirst du glücklich, zufrieden und frei sein und dich nicht mehr getrennt fühlen.«*

Dieser Abschnitt ist einer der schwierigsten im ganzen Buch. Aber wir müssen ihn gar nicht in allen Einzelheiten verstehen. Wenn wir die Perspektive intuitiv erfassen, reicht das völlig – wir sind kein Geist »in« einem Körper, sondern Körper ohne Geist, die keine Trennung kennen.

Wenn wir mit aller Kraft die Fäuste ballen – tu's ruhig mal – und sie hochrecken, empfinden wir unsere Hände als getrennt von der Luft, die sie umgibt. Dieses »Ballen« ist genau das, was wir gewohnheitsmäßig mit unserem Empfinden des Seins, der isolierten Identität tun. Das *Ego*, wie wir es nennen, ist also kein »Ding«, sondern eine Handlung: chronische Kontraktion.

Wenn wir die Hände aber entspannen, spüren wir nicht mehr, wo sie enden und der Raum beginnt. Auch der entspannte Körpergeist ist verbunden und eins mit seiner Umgebung – mit der Luft, mit allem, was sich »innen« und »außen« abspielt. Nur der Geist definiert sich selbst als separates »Ich«. Der Spruch »Sei der Ball«, über den sich viele lustig machen, stellt sich also als eine ziemlich gute Empfehlung heraus. Sei der Ball. Sei die Welt. Auch als der Schriftsteller und spirituelle Lehrer Jiddu Krishnamurti seinen Hörern zurief: »Ihr seid die Welt«, meinte er es nicht bloß poetisch, sondern wortwörtlich.

Die ganze Arbeit und die spirituellen Praktiken des Energiereinigens, -ausgleichens und sich für sie Öffnens sind dafür da, dass wir diese Botschaft endlich begreifen – fähig werden, ihren Wahrheitsgehalt *zu realisieren*.

In den letzten Sätzen des zitierten Abschnitts aus *Der Pfad des friedvollen Kriegers* versuchte Socrates es mir beizubiegen. Doch erst nach dem Tod und der Wiedergeburt, die ich am Ende des Buches beschreibe, wurde diese Realisation eine lebendige Wahrheit für mich und vielleicht auch für den einen oder anderen meiner Leser. Möglicherweise nehmen sie es immer mal wieder zur Hand, um sich an etwas erinnern zu lassen, was sie eigentlich schon immer wussten.

Nach dem Sitzen der Alltag

»Aber warum sollte ein Krieger herumsitzen und meditieren? Ich dachte, der Weg des Kriegers sei ein Weg der Tat?«
»Meditation ist die Tat des Nicht-Tuns. (…) Du wirst schließlich lernen, über jede deiner Handlungen zu meditieren. Am

Anfang aber sollte das Sitzen in der Meditation eine Zeremonie sein, eine besondere Frist, dazu bestimmt, die Intensität der Praxis zu steigern. Du musst zuerst das Ritual beherrschen, bevor du es im täglichen Leben anwenden kannst.«

Wir haben schon einmal kurz über das Thema Meditation gesprochen – was dieses Ritual, diese Übung, leisten kann und was nicht. Jetzt möchte ich etwas über die Bedeutung der Zeremonie sagen. Die Teezeremonie in Japan zum Beispiel dient als meditatives Bewegungs- und Achtsamkeitsritual, als Brücke zwischen dem stillen Dasitzen mit geschlossenen oder halb geöffneten Augen und der Meditation im Alltagsleben. Mit dem Sitzen fangen wir an. Dann lernen wir, beim Gehen zu meditieren, wenn wir den Tee servieren oder auch beim Sport – bis wir schließlich dasselbe entspannte Gewahrsein, dieselbe Konzentration und Ruhe auch den fortgeschrittenen Übungen zuwenden: Abwaschen, Essen, Liebe oder Zusammenlegen der Bügelwäsche.

Durch genaues Hinspüren und Aufmerksamkeit erhöht und verwandelt die Übung der Zeremonie unser Tun in eine Kunstform. Die Zeremonie integriert Körper, Geist und Seele. In der Regel erleben wir die Kraft der Zeremonie nur bei »besonderen Anlässen« wie Hochzeiten, Taufen und so weiter. Doch wie Socrates nicht müde wurde zu zeigen, ist jeder Moment eine besonderer Anlass.

Wenn wir jede Bewegung mit voller Aufmerksamkeit und ganzer Seele tun, also nicht routiniert oder rein gewohnheitsmäßig, verändern wir die Qualität des Augenblicks, unserer Psyche und unseres ganzen Lebens – bis schließlich jede unserer Handlungen eine Zeremonie wird und unser Leben ein gutes Vorbild für andere.

Die Bedeutung des Glücks

*»Schau mich an, bin ich nicht vollkommen glücklich? Und du?«
Draußen war ein Auto vorgefahren. Dampfwolken stiegen aus
seiner Kühlerhaube auf. »Komm mit«, sagte Soc. »Das arme
Auto leidet. Erschießen wir es, damit seine Not ein Ende hat!«
Lachend gingen wir hinaus und schauten uns das kranke
Vehikel an. Nicht nur der Kühler brodelte, auch der Besitzer
kochte vor Wut.*

*»Was trödelt ihr so lange herum? Soll ich vielleicht die ganze
Nacht warten?«*

*Socrates schenkte ihm einen mitfühlenden, verständnisvollen
Blick. »Wollen mal sehen, Sir, ob wir Ihnen helfen können. Ist
ja nur eine kleine Panne.« Er hieß den Mann rückwärts in die
Werkstatt rollen, leitete Druckluft in den Kühler und die un-
dichte Stelle war schnell gefunden. Mit ein paar Handgriffen
war das kleine Leck verlötet. Trotzdem, so meinte Socrates zu
dem Mann, würde er bald einen neuen Kühler brauchen.
»Alles geht dahin, alles verändert sich, sogar ein Autokühler«,
blinzelte er mir zu.*

*Als der eilige Kunde weitergefahren war, dämmerte mir die
Wahrheit dessen, was Socrates vorhin gesagt hatte. Ja, er war
vollkommen glücklich. Nichts konnte seine gute Laune berühren. Er hatte manchmal wütend reagiert, seit ich ihn kannte,
manchmal traurig, auch humorvoll, sanft und manchmal
hart, sogar betroffen – aber immer hatten seine Augen vor innerer Freude geleuchtet, selbst wenn ihm die Tränen kamen.*

Wenn Socrates von Glück sprach, meinte er damit etwas anderes als das vorübergehende Gefühl, das wir
normalerweise im Sinn haben, wenn wir sagen: »Es
geht mir gut.« Er sprach über den kriegerischen Geist –

positive Energien und Licht auszustrahlen, unabhängig von irgendwelchen Gefühlen. Diese Unterscheidung ist für das Verständnis des gesamten Buches und des Pfades des friedvollen Kriegers von zentraler Bedeutung: Socrates meinte nie (ich übrigens auch nicht), dass die höchste Stufe der menschlichen Entwicklung darin bestehe, dass wir alle mit einem selbstzufriedenen, fröhlichen Grinsen auf den Lippen herumlaufen.

Von sich behaupten, er sei glücklich, kann jeder. Woher sollten wir wissen, ob es auch stimmt? Gibt es einen Unterschied zwischen *Glücksempfinden* und beglücktem *Handeln*? (Wir sollten gut nachdenken, bevor wir uns an einer Antwort versuchen.) Und hier gleich noch eine Frage, die es wert ist, gründlich durchdacht zu werden: Würden wir lieber mit einem erleuchteten Menschen zusammenleben, der sich verrückt aufführt, oder mit einem Irren, der sich erleuchtet verhält?

Natürlich sind Glücksgefühle etwas Feines. Aber sie unterliegen nicht unserer unmittelbaren Steuerung, sonst könnten wir sie ja jederzeit willkürlich hervorrufen. Das geht nicht. Aber wir können jederzeit lächeln, lachen und so handeln, als wären wir glücklich, selbst wenn wir Langeweile oder Melancholie empfinden.

Wir sollten unsere Gefühle weder ignorieren noch leugnen. Chronische Depressionen oder andere negative Emotionen weisen möglicherweise darauf hin, dass es ratsam wäre, professionelle Hilfe zu suchen und konstruktive Veränderungen im Leben einzuleiten. Doch auch wenn wir unsere positiven und negativen Gefühle schätzen und aus ihnen lernen, können wir die Praxis des friedvollen Kriegers übernehmen und uns so verhalten, als wären wir glücklich, mutig und freundlich.

Heutzutage empfinde ich bei allen Hochs und Tiefs meines Lebens eine Art unterschwelliges Glück (beziehungsweise Zufriedenheit). Und viele von uns verspüren eine gewisse Melancholie und sind dabei trotzdem glücklich – auch ein Beispiel für das Paradoxe der Gefühlswelt.

Wenn wir weiterhin ständig versuchen, uns »besser zu fühlen« und gleichzeitig davon ausgehen, dass wir vorübergehende kleine Persönlichkeiten sind, die den ganzen Tag am Problemelösen sind, ist die Wahrscheinlichkeit nicht so groß, dass wir Glück empfinden, außer in den kurzen Momenten der Lust oder Befriedigung, wenn wir eine gute Nachricht erhalten oder bekommen, was wir uns wünschen. Solche Wohlfühlmomente gehen aber schnell vorbei und dann sind wir schon gleich wieder auf der Suche nach den nächsten.

Mir ist klar geworden – und es hat sechzig Jahre und ziemlich viel Erfahrung gebraucht, bis ich wenigstens zu dieser kleinen Erkenntnis gekommen bin –, dass wir im Grunde Sinnhaftigkeit, eine Lebensaufgabe und Verbundenheit suchen. Eigentlich suchen wir das Transzendente. Und die einzige Möglichkeit, bedingungslose Glückseligkeit zu empfinden, besteht darin, unseren göttlichen Urquell, unser göttliches Wesen zu erkennen – in der Erfahrung der vollständigen Befreiung von einem isolierten Selbst.

Socrates hatte das transzendente Mysterium unserer Existenz erkannt. Daher wusste er selbst in Momenten der Besorgnis, des Schmerzes oder Verlustes und auch, als er seinem eigenen Tod ins Auge sah, wer er war: ewiges Bewusstsein, das jegliches Spiel, alle Äußerlichkeiten und Begrenzungen transzendiert. Er war glücklich, auch wenn er bei einem uralten Pick-up den Ölwechsel vornahm oder versuchte, einen naiven, selbstbezogenen jungen Sportler ein bisschen was beizubringen.

Das meinte Socrates, als er mich fragte, ob ich vollkommen glücklich sei. Er zwang mich, mich mit der Realität unter meiner anmaßenden Oberfläche zu konfrontieren: Trotz all meiner Leistungen und meiner Jugend fühlte ich mich leer, war ängstlich und ziemlich durcheinander. Er hatte etwas, das ich wollte. Und deshalb blieb ich bei der Stange, auch als es richtig zur Sache ging.

Über das zweite Buch
Lehrjahre eines Kriegers

Du kannst einen Kampfplan
oder auch einen Lebensplan aufstellen.
Wenn es dann aber losgeht,
läuft es vielleicht anders, als du es dir vorgestellt hast,
und dann bist du ganz auf die Reflexe angewiesen,
die du dir während der Ausbildung angeeignet hast.
Jetzt zeigt sich dein Training.
Was du im Dämmer der frühen Morgenstunden gelernt hast,
wird im Scheinwerferlicht voll sichtbar.

Joe Frazier

Zu Kapitel vier:

Das Schwert wird geschärft

Sobald man daran denkt,
den Wettbewerb gewinnen zu wollen,
seine Künste und Fähigkeiten zur Schau zu stellen,
ist man als Schwertkämpfer zum Scheitern verurteilt.

Takano Shigeyoshi

Glück und Unglück

Joy zog meinen Kopf zu sich und schaute mir in die Augen.
»Socrates schickt dir eine Botschaft, Danny; ich soll dir eine Ge-
schichte erzählen.«
Ich schloss die Augen und hörte:

Ein alter Mann und sein Sohn bestellten gemeinsam ihren
kleinen Hof. Sie hatten nur ein Pferd, das den Pflug zog. Eines
Tages lief das Pferd fort.
»Wie schrecklich«, sagten die Nachbarn, »welch ein Unglück.«
»Wer weiß«, erwiderte der alte Bauer, »ob Glück oder Un-
glück?«
Eine Woche später kehrte das Pferd aus den Bergen zurück, es
brachte fünf wilde Pferde mit in den Stall.

»Wie wunderbar«, sagten die Nachbarn, »welch ein Glück.«
»Glück oder Unglück? Wer weiß«, sagte der Alte.
Am nächsten Morgen wollte der Sohn eines der wilden Pferde
zähmen. Er stürzte und brach sich ein Bein.
»Wie schrecklich. Welch ein Unglück!«
»Glück? Unglück?«
Die Soldaten kamen ins Dorf und holten alle jungen Männer
in den Krieg. Den Sohn des Bauern konnten sie nicht brau-
chen, darum blieb er als Einziger verschont.
»Glück? Unglück?«

Diese Geschichte, die viele Leser des Buches am liebsten
mögen, kam ursprünglich von Joy. Sie erzählte sie mir
im Krankenhaus, als sie nach dem Unfall, der mein ganzes Leben infrage stellte und veränderte, an meinem
Bett saß.

Was sie – und jetzt auch ich – damit ausdrücken wollte, war: Wenn wir aufhören, so zu tun, als wüssten wir
genau, was gut und was schlecht ist, und stattdessen ins
Vertrauen gehen – jedem einzelnen Augenblick erwar-
tungslos und ohne zu urteilen entgegentreten –, verändert sich unser Leben. Alleswisser sind eine verklemm-
te Spezies. Sie klammern sich an ihre Vorstellungen,
wie die Dinge sein sollten, wie Probleme zu lösen sind
und kämpfen ständig dafür, dass alles genau »richtig«
läuft.

Was wäre, wenn wir aufhören würden, Vermutungen
darüber anzustellen, was das alles zu bedeuten hat oder
wie sich die Dinge zu entwickeln hätten, und dem Leben
einfach seinen Lauf ließen, wenn wir aus jeder neuen
Welle des Glücks oder des Schmerzes, aus Erfolgen und
Niederlagen – dem Stoff, aus dem das Leben ist – immer

das Beste machten. Denn alles, was uns zustößt, sei es wunderbar, tragisch oder zum Verzweifeln, *sollte* geschehen. Es sollte geschehen, weil es geschah, und nichts kann daran etwas ändern.

Akzeptanz ist ein universelles Lebensgesetz – die kreativste, positivste und intelligenteste Reaktion auf jeden neuen Moment und jede Erfahrung. So stellt sich also heraus, dass die Borgs aus *Star Trek* doch recht haben: Widerstand ist tatsächlich zwecklos. (Und ziemlich anstrengend.)

Als ich Kindern Turnunterricht gab, drängelten sie sich immer gern vor, um bloß als Erste an die Reihe zu kommen. Statt sie nun ständig zu bitten, das doch bleiben zu lassen, wartete ich, bis sie sich aufgestellt hatten. Dann ging ich ans Ende der Reihe und sagte: »Der Letzte wird der Erste sein.« Danach hörten sie auf, um die besten Plätze zu rangeln. Sie waren keine Besserwisser mehr und warteten einfach, was wohl geschehen würde. Eine gute Lebenseinstellung.

Wenn wir auf dem Weg zu einem wichtigen Termin einen Platten am Auto haben, bewahrt er uns an der nächsten Kreuzung möglicherweise vor einem schlimmen Unfall – kann aber auch einen verursachen. Der entscheidende Punkt ist: *Wir wissen es nicht*. Wenn wir das erst einmal verstanden haben, hören wir auf, Gott zu spielen.

Die besten Gelegenheiten, etwas zu lernen, sind unsere Kämpfe. Vertrauen ist der Mut, so zu leben, als geschehe alles zu unserem höchsten Besten und damit wir etwas lernen. Wann immer wir also der Wirklichkeit Widerstand entgegenbringen oder vor eine Herausforderung gestellt werden, können wir uns an die Frage erinnern: »Glück? Unglück? Wer weiß?« Diese Perspektive kann sehr hilfreich sein, um ein entspannteres Verhältnis zum Leben, zum Vertrauen, zum Mysterium zu bekommen. Denn wie gesagt: Wir wissen es einfach nicht.

Saubere Lebensführung

Früher hatte ich ihn manchmal von Licht umhüllt gesehen, aber ich hatte es auf meine übermüdeten Augen geschoben. Diesmal war ich alles andere als müde, und diesmal gab es keinen Zweifel – ja, da war dieser kaum merkliche Schimmer. »Socrates«, sagte ich, »du leuchtest! Ein Licht strahlt von deinem Körper aus. Woher kommt das?«
»Von sauberer Lebensführung.«

Viele von uns werden schon einmal beobachtet haben, dass von manchen Menschen so etwas wie ein gesundes Schimmern ausgeht. Sie strahlen Energie aus. Wir nehmen das vielleicht als ein bestimmtes Feld wahr, das sie umgibt, oder haben in ihrer Gegenwart so ein gewisses Gefühl. Vielleicht bilden wir es uns nur ein, vielleicht liegt es aber auch an der Persönlichkeit oder am Charisma dieser Menschen – oder noch an etwas ganz anderem.

Wir alle strahlen manchmal vor Glück oder Begeisterung. Dann verändern sich unser Gesichtausdruck, die Atmung und auch die Gestik. Die Haltung strafft sich. Könnte es vielleicht sein, dass sich auch die Energiefelder um uns herum verändern? Das Wort »Aura« verwende ich nicht allzu häufig; dass jedoch jedes lebende

Wesen über ein bioenergetisches Feld verfügt, genau wie die Erde von einem elektromagnetischen Feld und einer Atmosphäre umgeben ist, halte ich für sehr wahrscheinlich.

Manche Menschen behaupten, diese Energiefelder wahrnehmen oder sogar ihre Farben (und das, was sie bedeuten) erkennen zu können. Mitunter empfinden selbst diejenigen unter uns, die wir nicht so begabt, sensibel oder fantasievoll sind, die Energien ihrer Mitmenschen als hell, dunkel oder schwer. Zudem strahlt nicht jeder ständig dieselbe Energie aus (ebenso wenig wie wir immer in derselben Stimmung sind).

Wer mein Buch *Die Lebenszahl als Lebensweg* gelesen hat, erinnert sich vielleicht, dass manche Menschen – aufgrund der Genetik, ihres Karmas oder ihrer Schwingungsfrequenz – über ein großes Potenzial kreativer Energie verfügen, die durch sie hindurchfließt. Doch Energie ist ein zweischneidiges Schwert. Im Positiven haben solche Leute viel »Saft und Kraft« – Tiere lassen sich gern von ihnen streicheln und Pflanzen blühen und gedeihen unter ihrer Obhut häufig besonders gut. Doch manchmal wissen solche Menschen auch gar nicht so richtig, wohin mit ihrer Energie, sodass sie sich allerlei (Konstruktives wie Sport oder auch Destruktives wie Alkoholmissbrauch, Tabak- oder Drogenkonsum) einfallen lassen, um die Anspannung und den Druck, die sie empfinden, abzubauen. (Diesem Thema widme ich mich eingehend in meinem Buch *Die Goldenen Regeln des friedvollen Kriegers*.)

Die Welt der Energien in uns und um uns herum ist ein sehr interessantes Forschungsgebiet. In erster Linie geht es darum, die Energie anzuerkennen, die wir in uns haben, sie am Fließen zu halten und mit Bedacht

einzusetzen. Wir müssen nichts Spezielles zu uns nehmen und auch nichts Besonderes tun, um mehr Energie
von außen zu bekommen, denn mit jedem bewussten
Atemzug führen wir uns nicht nur Sauerstoff und andere Gase zu, sondern auch Licht. Freunde geben uns
Energie, wir beziehen sie aus der Nahrung, der Sonne
und der Natur. Wichtig ist nur, dass wir keinen Raubbau
mit unseren Energien treiben.

Vielleicht kennt der eine oder andere die Geschichte
von dem Mann, der den größten Teil seiner Zeit auf der
Suche nach mehr Licht, Energie und Schwung war.
Nach vielen Jahren erklomm er den Gipfel eines heiligen Berges und hatte das Gefühl, seinem Ziel endlich
nahe zu sein. Als er dann mit großen Mühen oben angekommen war, hob er die Arme gen Himmel und rief:
»Erfülle mich mit Licht, Energie und Schwung!«

Die Wolken teilten sich und eine Stimme dröhnte:
»Das tue ich doch die ganze Zeit. Aber du hast ja ein
Leck!«

Durch bewusste Atmung und Entspannung können
wir unserem Körper das Licht der Bewusstheit zuführen. Auch können wir die Lecks, die durch unnötige
Anspannung, nervöses Herumzappeln und gedanken-
loses Geplapper entstehen, ein bisschen stopfen, damit
mehr Energie (auch Prana, Chi oder Ki genannt) in uns
und in unserer Umgebung fließen kann. Und dann geht
vielleicht auch von uns, wie von Socrates, ein gewisses
Schimmern aus.

Das Reich der Krieger

*»Das Reich der Krieger, Dan, ist von einer Pforte bewacht. (...)
Viele klopfen an, aber nur wenige können eintreten.«*

Wenn wir uns an einem stillen Ort hinlegen und die
Daumen in die Ohren stecken, hören wir zunächst
nur Stille. In dieser Stille beginnt das Bewusstsein
dann mit der Feinabstimmung. Nach ein paar Sekunden oder Minuten nehmen wir am Rande unseres Bewusstseins einen hohen Ton wahr. Vielleicht begreifen
wir, dass er schon immer da war und dass er ganz natürlich ist. Über diesen inneren Ton können wir meditieren, indem wir unsere ganze Aufmerksamkeit auf
ihn richten. Mit der Zeit werden die Töne, die wir hören, es können bis zu zwölf verschiedene sein, tiefer
und subtiler, einer raffinierter als der andere. Unsere
Aufmerksamkeit lässt sich von ihnen in immer tiefere
Regionen lenken.

Tatsächlich sind diese Töne ständig um uns, doch nur
wenige verfügen über die nötige Aufmerksamkeit, sie
auch zu bemerken. Sich darauf einzustellen erfordert
Übung. Auch das »Reich der Krieger«, von dem Socra-
tes in diesem Abschnitt spricht, befindet sich nicht
irgendwo anders, nicht in anderen Dimensionen von
Zeit und Raum oder gar in einem Paralleluniversum.
Dieses Reich liegt in unmittelbarer Nähe, im Hier und
Jetzt – in dieser Welt, diesem Leben, genau in diesem
Moment.

Es gibt keine reale Pforte, die wir in irgendeiner
schamanischen Anderwelt etwa erst finden müssten,
um in das Reich der Krieger eintreten zu können – lite-

rarisch machen solche Vorstellungen allerdings viel her. Das »Tor des Kriegers« ist eine Metapher für das Alltagsleben – die Stätte unserer Ausbildung –, und in diesem treten wir im Laufe der Zeit nicht nur durch eine einzige Pforte, sondern gleich durch zwölf (siehe auch mein Buch *Die zwölf Entwicklungsschritte des friedvollen Kriegers*).

Das Reich der Krieger steht allen offen, und jeder von uns kommt auf seinem Weg an diese Pforten. Sie passieren zu können verlangt Herz, Mut, Klarheit, Energie und Aufmerksamkeit. Wie sagte doch der buddhistische Patriarch Bodhidharma: »Alle kennen den Weg, doch nur wenige gehen ihn auch.«

Der Pfad, von dem ich immer spreche, steht allen offen – nicht nur einem Privatclub, dessen Mitglieder sich durch Status, Popularität, Reichtum oder wissenschaftliche Meriten auszeichnen. Es gibt keine verschiedenfarbige Gürtel, die man erwerben kann, und auch nicht *die* eine Initiation. Deren gibt es ziemlich viele – dafür sorgt unser Alltagsleben. Dieser universelle Pfad offenbart sich in jedem einzelnen Augenblick, in dem wir uns als friedvolle Krieger erweisen – oder eben auch nicht.

In manchen Momenten habe ich mehr von einem friedvollen Krieger an mir und in anderen weniger. So ist es bei allen. Die große Herausforderung, vor die uns jeder Tag stellt, besteht darin, die Anzahl unserer Momente des Muts und der Freundlichkeit zu erhöhen.

Geschäftsregeln, die universellen Gesetze

»Um die Pforte zu finden, musst du erst lernen ...«
»Die Geschäftsregeln einzuhalten, wie?«, warf ich ein.

Unter »Geschäftsregeln« verstand Socrates die *universellen, die Natur-* und *spirituellen Gesetze*. (Für mich sind diese Begriffe austauschbar. Näher gehe ich in meinem Buch *Die universellen Lebensgesetze* darauf ein.)

Die Geschäftsregeln sind genauso real und konsistent wie beispielsweise das Gesetz der Schwerkraft, eines der universellen Gesetze, die in der materiellen Welt herrschen. Andere beschreiben, dass sich Blumen der Sonne zuwenden, oder welche Form die Wellen haben, wenn sie sich am Ufer brechen. All diese Gesetze zusammengenommen sind vom Menschen vorgenommene Beschreibungen der Operationsprinzipien des Universums, der Erde und unserer Interaktionen.

Sowohl Naturwissenschaftler (die den *logos* repräsentieren, die Vernunft beziehungsweise die linke Gehirnhälfte) als auch Mystiker (*mythos*, Intuition, rechte Gehirnhälfte) versuchen, diese Gesetze zu begreifen. Allerdings bedienen sie sich dabei unterschiedlicher Forschungsmethoden.

Die spirituellen Gesetze beschreiben die Funktionsweise des Lebens – es sind die Gesetze der Wirklichkeit. Die Realität beruht nicht auf unseren Vorstellungen von Richtig und Falsch, sondern auf Handlungen und Konsequenzen. Oder anders ausgedrückt: Wenn ich beim Bergsteigen oder Fallschirmspringen das Gesetz der Schwerkraft missachte, werde ich dadurch nicht zu einem schlechten Menschen, die Folgen aber können tödlich sein.

Das Leben funktioniert besser, wenn wir die Herrschaft der Geschäftsregeln endlich akzeptieren – denn dann leiden wir nicht länger unter der Illusion, die Gesetze des Geistes ignorieren, beugen oder brechen und den Folgen unseres Handels entgehen zu können.

Als Socrates auf eine meiner Fragen also mit einem Achselzucken und dem Hinweis auf die Geschäftsregeln (mit denen ich mich in *Spirituelle Lebensqualität* auseinandersetze), reagierte, wollte er damit meine Aufmerksamkeit auf die Gesetze der Wirklichkeit lenken, die Grundlage des Pfads des friedvollen Kriegers.

Wege der Heilung

Ich hatte ein flaues Fiebergefühl im Kopf, und mir tat alles weh. Ich musste mich wieder auf die Tischkante stützen, und aus dem Augenwinkel sah ich, dass Socrates zu mir kam, die Hand nach meiner Stirn ausgestreckt. »O nein!«, dachte ich. »Das halte ich jetzt nicht aus!« Aber er wollte nur mein Fieber fühlen. Dann betastete er meine Lymphdrüsen am Hals, schaute mir in die Augen und fühlte mir lange den Puls.
(…)
Dann brachte er ein Fläschchen mit gelber Flüssigkeit zum Vorschein, darin zerriebene Kräuter schwammen, und massierte sie in mein rechtes Bein, direkt über der Narbe. (…)
»Was ist dies gelbe Zeug in der Flasche, Soc?«
»Urin, mit Heilkräutern.«
»Urin?« Ich zog angewidert mein Bein zurück.
»Sei nicht albern«, sagte er und zog das Bein wieder heran. »Urin ist ein altangesehenes Elixier in den Heilkünsten.«

Im College erkrankte ich einmal an Mononukleose (auch Pfeiffersches Drüsenfieber oder, nach der häufigen Art der Ansteckung durch das Küssen »College-Krankheit« genannt). Meine Milz war geschwollen, die Kehle wund, und ich musste ein paar Tage im Student Health Center liegen. Diagnose und Behandlung entsprachen den Prinzipien der konventionellen Medizin. Zusätzlich gab es gute Ratschläge – viel Ruhe, den Körper schonen und das Immunsystem unterstützen. Ein paar Wochen und viele Mittagsschläfchen später war ich wieder auf dem Damm.

Später habe ich dann angefangen, mit alten Heilpraktiken wie Kräutern und sogar Eigenurin zu experimentieren. Ich erinnere mich noch genau, was der Professor für Gesundheitswesen in Berkeley uns in einem Kurs empfahl: Wenn wir uns im Wald eine Wunde zuzögen, vielleicht eine kleine Schnittverletzung, sollten wir lieber darauf pinkeln als sie mit Spucke zu benetzen – heile, heile Gänschen. Denn Speichel enthielte Bakterien, *frischer* Urin jedoch wirke antiseptisch. In der altindischen Tradition des Ayurveda wird frischer Eigenurin unter anderem zum Gurgeln bei Halsschmerzen empfohlen. Da sich im Harn aber sehr schnell Bakterien bilden, wird er in der modernen Medizin weder angewendet noch empfohlen. (Dagegen kommt heute eine andere alte Heilmethode, das Ansetzen von Blutegeln, bei bestimmten Indikationen schon wieder zum Einsatz.)

Viele, die eher zu den alten beziehungsweise »natürlichen« Heilmethoden neigen, stehen der modernen Medizin skeptisch gegenüber, idealisieren alternative (»komplementäre«) Verfahren und ziehen Kräuter jeder Art von »Drogen« vor. Manche modernen Medikamente haben jedoch ziemlich wenig unerwünschte Nebenwirkungen und können sehr hilfreich, mitunter sogar lebensrettend wirken. Dagegen sind gewisse Kräuter in falscher Dosierung oder Kombination ausgesprochen schädlich oder auch tödlich.

Die besten Ärzte, die ich kenne, versuchen alles einzusetzen, was erprobt wurde und sich als wirksam erwiesen hat, sei es nun aus der alten oder der zeitgenössischen Medizin. In jedem Fall scheint es mir klug, einen rationalen Zugang zu wählen und dem Körper zu helfen, sich selbst zu helfen, unabhängig davon, ob man sich konventionellerer Methoden der modernen Medizin bedient oder auf traditionelle Heilmittel zurückgreift. Die moderne Medizin hat im Laufe der Zeit erhebliche Fortschritte gemacht, und es wird immer weitergeforscht.

Es geht mir also nicht darum, irgendjemanden von den genauen Ernährungsvorschlägen und den anderen Methoden, die Socrates bei mir anwendete, zu überzeugen. Vielmehr möchte ich zeigen, was er alles getan hat, um meine Aufgeschlossenheit gegenüber neuen (alten) Heilmethoden und dem Leben insgesamt zu wecken.

Gefühl und Aktion

»Die Wut ist das beste Werkzeug, um alte Gewohnheiten abzustellen. (…) Wut kann alte Gewohnheiten ausbrennen. Angst und Kummer hemmen unsere Aktivität. Wut dagegen beschleunigt sie. Wenn du lernst, richtigen Nutzen aus deiner Wut zu ziehen, dann kannst du Angst und Kummer in Wut umsetzen – und die Wut in Aktion. Das ist das ganze Geheimnis der Körper-Alchimie.«

(…)

»Wie soll ich meine Gewohnheiten kontrollieren, wenn ich nicht mal meine Gedanken und Gefühle kontrollieren kann?« Er lehnte sich auf dem Stuhl zurück. »Das ist ganz einfach: Wenn dein Denken sich selbst ein Problem konstruiert, wenn es sich dem Gang des Lebens widersetzt, dann entstehen Spannungen in deinem Körper, und diese Spannungen bezeichnen wir als Gefühle. Wir haben Angst, Wut, Kummer, *sagen wir. Aber* echtes *Gefühl, Dan, ist reine Energie, frei durch den Körper strömend!«*

»Ein Krieger hat also nie die normalen menschlichen Gefühle, die ihn aus der Fassung bringen könnten?«

»In gewisser Hinsicht nein. Doch Gefühle gehören zur Natur des Menschen; sie sind eine Art, sich auszudrücken. Manchmal ist es durchaus angebracht, seine Angst oder Wut oder Sorgen auszudrücken – aber die Energie sollte dabei ganz nach außen gerichtet werden, nicht im Innern verschmoren. Das Gefühl soll kraftvoll und vollständig ausgedrückt werden und danach verschwunden sein, ohne eine Spur zu hinterlassen. Gefühlsbeherrschung heißt, die Emotionen einfach fließen zu lassen, um sie dann restlos zu vergessen.«

Ein Mann, der einmal meinen Rat suchte, sagte, er leide an Wutanfällen und wolle wissen, was er denn tun könne, um nicht »immer so sauer zu werden«. Ich antwortete, es wäre viel nützlicher, an seinem Verhalten zu arbeiten, als an seinem Ärger. Das Problem war nicht seine Wut; das Problem war, wie er sich verhielt, wenn er diese Wut empfand.

Wir Menschen neigen dazu, eine Art Seifenoper-Existenz zu führen und uns von unseren Emotionen leiten zu lassen. (Man muss bloß einmal den Fernseher einschalten und sich eine Daily Soap anschauen – oder in der Verwandtschaft gucken –, um einen Eindruck von der Despotie der Gefühle zu bekommen.) Weil wir meinen, dass wir emotionale Probleme haben, suchen wir nach Wegen, positivere Gefühle (etwa Selbstvertrauen, Mut, Mitgefühl, Motivation und Leidenschaft) zu haben und die sogenannten negativen (wie Angst, Kummer und Wut) loszuwerden, damit wir gut leben, uns besser verhalten und mehr leisten können.

Wir hoffen darauf, dass uns ein neuer Motivationstrainer, ein Selbsthilfebuch oder sonst irgendein Berater neue Techniken oder Perspektiven für den Umgang mit Gefühlen vermittelt. Dabei müssen wir unsere Emotionen gar nicht verändern. Die sind gut, so wie sie sind, und vollkommen natürlich. *Was wir ändern müssen, ist unser Verhalten.*

Um diese Veränderung herbeizuführen, gibt es im Grunde nur zwei Möglichkeiten. Methode eins ist ziemlich beliebt. Methode zwei ist der Pfad des Kriegers.

Methode eins: Wir versuchen, den Geist zur Ruhe zu bringen und positive Gedanken zu fassen, an der Konzentrationsfähigkeit zu arbeiten, uns unserer eigenen Kraft zu versichern, um uns von unseren Emotionen freizumachen (und positive Resultate zu visualisieren). Wir können Selbstvertrauen entwickeln und den Mut, die Entschiedenheit aufbringen, uns hinreichend zu motivieren, das zu tun, was wir eben tun müssen.

Methode zwei: Wir können es einfach tun.

In einer idealen Welt voller Heiliger würde sich jeder sofort für die zweite Methode entscheiden. Doch in der Welt, wie sie nun einmal ist, hören nur wenige »einfach« mit einer suchtbildenden Substanz auf oder »machen eben mehr Sport und essen weniger«, um abzunehmen. Viele von uns brauchen Zeit und müssen sich

Schritt für Schritt an eine neue Lebensweise gewöhnen. Die Unterstützung einer Gruppe, entsprechende Programme und therapeutische Prozesse können für den Übergang dienlich sein, um es dann schließlich und endlich »einfach zu tun«. Auch aus der Raupe wird nicht über Nacht ein Schmetterling. Manche Veränderungen brauchen tatsächlich etwas Zeit.

Seien wir also nachsichtig mit uns, wenn wir etwas, was wir wissen, in der Praxis umsetzen wollen und lernen, uns unserer Gefühle zu bedienen (statt umgekehrt). Völlig zu Recht sagte Mahatma Gandhi einmal: »So, wie gespeicherte Wärme zu Energie wird, kann auch unser Zorn eine Kraft sein, die die Welt bewegt.«

Intelligente Ernährung

»Ein Krieger wie ich?«, lachte er. »Das wird niemand sein wollen; das ist auch ganz unmöglich. Jeder Mensch hat von Natur aus seine besonderen Eigenschaften. Du, zum Beispiel, bist ein guter Turner, während Joseph ein Meister in der Kunst der Nahrungszubereitung ist.

(...)

Alle deine Lebensfunktionen musst du erneuern – Gehen, Schlafen, Atmen, Denken und Essen. Das Essen ist die wichtigste der menschlichen Aktivitäten, die wir als Erstes ins Gleichgewicht bringen müssen. (...) Welche Veränderung willst du mit neuen Essgewohnheiten bewirken?

(...)

Manches, was du isst, macht dich sogar krank, schlaff und drückt deine Stimmung. Darunter leidet deine Aufmerksamkeit und die Lebenskraft deines Körpers.

(...)

Ich kann dir verraten, ich esse nur Sachen, die bekömmlich sind. Und ich esse nur so viel, wie ich brauche. Die Naturkost, wie du's nennst, schärft den Geschmack und die Instinkte. Um sie schätzen zu lernen, musst du ein Natur-Mensch werden. (...) Meine Ernährung mag dir spartanisch vorkommen, verglichen mit den Völlereien, die du als ›Mäßigkeit‹ bezeichnest. Aber mein Essen ist reich an Genüssen. Ich habe gelernt, mir auch die einfachste Nahrung schmecken zu lassen. Das wirst du auch erleben!«

In dieser Phase meiner Ausbildung bei Socrates – und in diesem Abschnitt des *Pfads des friedvollen Kriegers* – ging es um einen neuen Ansatz »vernünftiger Disziplin«: Gewohnheiten zu begreifen, zu verändern und zu lernen, was ich tun musste, ob ich Lust dazu hatte oder nicht.

Keiner von uns kann höher entwickelte Lebensweisen erkunden, ohne sich um einen grundlegenden Aspekt zu kümmern: die Nahrung, die wir dem Körper zuführen. Aus diesem Grund machte mich mein alter Mentor mit einer feineren, leichteren Kost vertraut. Viele meiner Leser sahen in den Empfehlungen, die er mir gab, eine Art universelles, unabdingbares System von lebenslanger Gültigkeit. Aber man muss nicht fasten, Vegetarier, Veganer werden oder nur rohes Gemüse essen, um zu einer höheren Lebensweise finden zu können. (An diesem Punkt werden mir die Anhänger der verschiedenen Nahrungsdoktrinen wahrscheinlich nicht unbedingt folgen.)

Trotzdem: Sich mit dem grundlegendsten Bereich des Lebens zu beschäftigen – für sich selbst herauszufinden, welche Ernährungsweise die richtige ist – ist ein wichtiger Schritt auf dem Pfad des Kriegers. Wofür wir uns auch entscheiden, wir müssen uns bewusst sein, was wir essen, wie wir essen, wie viel und wann. Wenn wir unseren Körpergeist an eine erfülltere, intensivere Lebensweise gewöhnen wollen, gehört richtiges Essen genauso dazu wie richtige Atmung, Haltung und Wortwahl.

Ich spreche mich für keine bestimmte Philosophie oder Methode aus, denn keine Formel hat für jeden Einzelnen Gültigkeit. Körper und Verdauungssystem sind zwar bei allen Menschen ziemlich ähnlich, aber es gibt eben doch auch individuelle Unterschiede: Manche von uns essen von Natur aus schneller beziehungsweise langsamer als andere, die einen kauen länger, die anderen weniger. Und je nach kulturellen, regionalen oder genetischen Hintergründen verdauen die einen bestimmte Lebensmittel leichter als andere.

Joseph, ein früherer Schüler und Freund von Socrates, war ein Meister in der Zubereitung rohen Gemüses. Und das schmeckte vielleicht! Für ihn war es eine Kunstform, keine Religion. Joseph sagte mir einmal: »Iss mehr von den Sachen, die gut für dich sind, und weniger von den anderen. Experimentiere, achte darauf, wie es dir damit geht, und finde heraus, was für dich richtig ist.« Besser könnte ich es auch nicht ausdrücken.

Vorübergehend oder zur Heilung kann eine leichtere, reinigende, verjüngende oder ausgleichende Kost durchaus angeraten sein; daraus jedoch eine ständige Ernährungsweise zu machen ist nicht erforderlich. Ich persönlich esse aus einer Reihe ethischer, gesundheitlicher, ökologischer und ästhetischer Gründen seit etwa vierzig

Jahren kein Fleisch mehr, aber das muss nicht sein. Ungefähr fünf Jahre habe ich es auch mit einer strikt veganen Ernährung (keinerlei tierische Produkte) versucht, stellte aber fest, dass es mir besser ging, wenn ich auch Milchprodukte und Eier zu mir nahm. In der letzten Zeit esse ich sogar hin und wieder einmal Fisch. Ein Jahr lang habe ich völlig auf raffinierten Zucker verzichtet, doch im Moment gönne ich mir gelegentlich auch wieder einmal etwas Süßes.

Manche von uns suchen genauso intensiv nach der perfekten Ernährung, wie man vielleicht nach einem Seelenpartner sucht. Lassen wir uns aber nicht von Ernährungsgurus ins Bockshorn jagen, die meinen, über die einzige, allein selig machende Wahrheit zu verfügen. Manche Leute sind vielleicht wirklich Ernährungs- oder Gesundheitsexperten. In Bezug auf seinen Körper ist aber jeder von uns Experte. Hören wir also ruhig, was uns die Weisen zu sagen haben. Im Übrigen sollten wir es halten wie sonst auch: experimentieren und selbst herausfinden, was für uns gut ist.

Fasten

»Dies hier ist die letzte (Mahlzeit), die du für eine Woche bekommen wirst.« Und dann verordnete mir Socrates ein reinigendes Heilfasten, das hiermit beginnen sollte. Nur noch verdünnte Fruchtsäfte und Kräutertee sollten meine Stärkung sein.

(…)

»Später wirst du keine solchen Regeln mehr brauchen«, sagte er. »Einstweilen aber musst du auf Dinge wie weißen Zucker,

raffiniertes Mehl, Fleisch und Eier verzichten. Kaffee, Alkohol und Tabak sind sowieso verboten. Nur frische, unverfeinerte, naturbelassene Lebensmittel, ohne chemische Zusätze, darfst du zu dir nehmen. Zum Frühstück Obst, so viel du willst, dazu Quark oder Joghurt. Zu Mittag, deiner Hauptmahlzeit, nimmst du frischen Salat und Rohkost, gebackene oder gedämpfte Kartoffeln, vielleicht etwas Käse, dazu Vollkornbrot oder gekochtes Getreide. Abends gibt es dann wieder frischen Salat aus rohem Gemüse oder manchmal gedünstete Gemüse. Zu jeder Mahlzeit kannst du reichlich ungesalzene Samen, wie Sesam und Sonnenblumenkerne, und Nüsse essen.«

Zugelassen zu haben, dass mir Socrates eine bestimmte Ernährung »verordnete«, scheint ein Widerspruch zu dem zu sein, was ich im vorhergehenden Abschnitt geschrieben habe: dass man sich nämlich von keinem vorschreiben lassen sollte, was man zu essen habe. Socrates empfahl mir jedoch nur eine vorübergehende Diät, die mir helfen sollte, meine Tendenz zur unbewussten Allesfresserei abzulegen. Genau wie ein Tennislehrer Trainingsvorschläge macht, gab mir Socrates eben Ratschläge für meine Ernährung.

Für manche Menschen ist Fasten eine nützliche Übung, beileibe aber nicht für alle. Die meisten von uns haben eine instinktive, kindliche Angst davor, nichts zu essen, und das ist auch ganz natürlich, da man gerade im Wachstum generell regelmäßige Nahrungszufuhr braucht. (Kindern und Jugendlichen würde ich nicht empfehlen zu fasten. Wenn sie aber hin und wieder einmal eine Mahlzeit auslassen oder keinen Appetit haben, wenn sie krank sind, ist das nicht weiter schlimm.)

Für Erwachsene sind Perioden des Verzichts (auf Essen, Tageszeitung, Internet oder Fernsehen) gesund und sowohl körperlich als auch psychisch nutzbringend. Wie für so vieles gilt aber auch hier: Gehen wir es gemäßigt an. Denn nach dem Gefühl von Reinheit und Leichtigkeit, das sich dabei einstellt, kann man leicht süchtig werden. Wer vorhat, ein paar Tage oder auch länger zu fasten, sollte vorher am besten ein Buch zurate ziehen oder sich mit seinem Arzt besprechen. Zur Gewichtskontrolle eignet sich das Fasten nicht (abgesehen von bestimmten Fällen von Fettleibigkeit, dann aber bitte unter medizinischer Aufsicht). Um das Idealgewicht zu halten, das von Mensch zu Mensch unterschiedlich ist, sind auf Dauer eine ausgewogene Ernährung und regelmäßiger Sport am besten geeignet.

Geistes- und Körperhaltung

»Die richtige Haltung, Dan, besteht darin, den Körper mit der Schwerkraft ins Gleichgewicht zu bringen. Die richtige Haltung ist eine harmonische Verbindung mit dem Leben.«

Ebenso grundlegend wie Ernährung ist die Körperhaltung. Dabei geht es nicht nur darum, aufrecht zu sitzen. In der Haltung spiegelt sich unser gesamtes Verhältnis zur Schwerkraft wider, sowohl im Ruhezustand als auch in der Bewegung. Unsere Körperhaltung beeinflusst die Verdauung, den Atem, selbst unsere Gefühle. Dabei ist dieser Bereich des Lebens den wenigsten von uns bewusst – oder wird es doch erst, wenn wir an den

Folgen jahrelanger Vernachlässigung zu leiden beginnen und uns in Behandlung begeben.

Sport kann immer nur so gut sein wie die Haltung, die wir dabei einnehmen. Viele Arten der Körperarbeit, zum Beispiel Yoga, Alexander-Technik, Feldenkrais, die Egoscue-Methode oder auch Pilates können helfen, zu natürlichen Bewegungsabläufen unter den Bedingungen der Schwerkraft zurückzufinden.

Es ist wichtig, dass man die richtigen Körperhaltungen (im Yoga *asanas* genannt) nicht nur in Kursen trainiert; man muss täglich, in jedem einzelnen Augenblick, üben. Bewusste Körperarbeit ist eine gute Grundlage für den Pfad eines jeden friedvollen Kriegers.

Einen anderen Weg einschlagen

Während sie (meine Freunde) dort ihre Berge von Eiskrem löffelten, lutschte ich an einem Eiswürfel. Neidisch sah ich zu. Etwas unmutig sahen sie zurück. Wahrscheinlich gab ich ihnen irgendwie Schuldgefühle. Ich passte nicht mehr dazu. Mein geselliges Leben brach zusammen.

Wenn wir an einer bestimmten Gewohnheit oder Verhaltensweise arbeiten, ist die Wahrscheinlichkeit groß, dass Freunde, Kollegen, unsere Lieben und Leute aus unserem unmittelbaren Umfeld dies bemerken und ihre Kommentare dazu abgeben. Denn sobald sich ein Teil eines Systems verändert, übt es Druck auf den Rest aus, sich ebenfalls zu verändern. Daher ist es ganz natürlich, dass andere auf Veränderungen, die wir vornehmen, reagieren.

Nehmen wir ein konkretes Beispiel: Ein Ehepaar, nennen wir sie Joe und Sally, haben im Laufe der Zeit durch zu viel Essen und zu wenig Bewegung beide ziemlich zugenommen. Nehmen wir an, einer von ihnen – wer es ist, spielt keine Rolle – fängt an, Sport zu treiben und sich bewusster zu ernähren. Ob der andere nun den Vorreiter anfeuert und seinem guten Beispiel folgt? Nicht auszuschließen, denn die Veränderung des einen kann unausgesprochen Druck auf den anderen ausüben, sich ebenfalls zu verändern. Es kann aber auch sein, dass die »zurückgelassene« Person das Vorhaben des anderen unterminiert – bewusst oder unbewusst versucht, die alte Sally oder den alten Joe zurückzubekommen.

Wir Menschen vergleichen uns ständig oder treten sogar in Konkurrenz zueinander. Diese Neigung ist zwar nicht besonders toll oder Ausdruck größerer Reife, aber doch ziemlich weit verbreitet.

In dem Abschnitt, den ich gerade zitiert habe – meine Freunde ließen es sich gut gehen und genossen ihr Eis, während ich mich an Socs Ernährungsregeln hielt –, fühlte ich mich isoliert. Seit meine Freunde mitbekommen hatten, dass sich mein Verhalten änderte – durchaus zum Positiven, aber das spielte keine Rolle –, piesackten sie mich mit gut gemeinten Sticheleien.

Am wohlsten fühlen sich die Menschen, wenn sie mit Leuten zusammen sind, die ihnen ein gutes Selbstgefühl vermitteln. Die Disziplin, die wir an den Tag legen, kann andere veranlassen, über ihre eigenen Gewohnheiten nachzudenken. Wenn wir also einen höheren Pfad oder auch einfach nur einen anderen einschlagen, fühlen sich die, die ihn nicht gehen, nicht mehr ganz so wohl in ihrer Haut. Mitunter versuchen

Freunde, die weiterrauchen oder -trinken, sogar, jeden Versuch, damit aufzuhören, zu unterminieren.

Einen anderen Weg einzuschlagen, nicht mehr reinzupassen, kann den Charakter auf die Probe stellen und dazu führen, dass man sich neue Freunde sucht. Der Angst, dass eine Veränderung des Verhaltens oder Lebensstils uns Partnern oder Freunden entfremden könnte, müssen wir uns stellen. Jeder, der sich auf neues, unvertrautes Terrain vorwagt, bekommt es mit Trennungsängsten zu tun, mit der Angst, von der Gruppe ausgeschlossen zu werden. In solchen Momenten müssen wir uns vor Augen führen, dass nicht jeder auf der Welt ist, um irgendwo »reinzupassen«. Manche sind auch dafür da, Vorreiter zu sein.

Wenn uns Leute, die sich von einer Veränderung, die wir einleiten, bedroht fühlen, herabsetzen, können wir uns die Frage stellen: »Soll ich dem Gott der Meinung huldigen oder doch lieber auf den Gott (beziehungsweise die Göttin) meines Herzens hören? Lasse ich mich einschüchtern und passe ich mich an? Ist ›dazugehören‹ wirklich so eine hohe Tugend? Oder gehe ich lieber mit gutem Beispiel voran und lasse den anderen Raum und Zeit, ihre eigenen Entscheidungen zu treffen?«

Ich hatte vielleicht Glück. Denn aufgrund unserer gemeinsamen Turnbegeisterung akzeptierten meine Mannschaftskameraden mich auch noch, als ich die Veränderungen durchmachte, die ich im *Pfad des friedvollen Kriegers* beschreibe. Aber ein bisschen komisch muss ich ihnen wohl doch manchmal vorgekommen sein. Deshalb war es für mich sehr hilfreich, in Socrates einen verständnisvollen Freund, Lehrer und ein tolles Vorbild zu haben.

Wenn der erste Reiz verfliegt

Mit der Zeit wurde ich aufsässig. »Soc, es macht keinen Spaß mehr mit dir. Du bist ein griesgrämiger, mürrischer Alter geworden. Du leuchtest auch gar nicht mehr.«
Er funkelte mich an: »Keine Tricks und magischen Kunststückchen mehr!« Das hatte ich nun davon! Keine Tricks, kein Sex, keine Pommes frites, keine Hamburger, keine Süßigkeiten, kein Spaß und keine Ruhe mehr! Regeln und Vorschriften – in der Tankstelle und außerhalb.

Man sagt ja gern, dass in den ersten vier Stunden einer Diät jeder Optimist sei. Das haben wir bestimmt alle schon mal gehört. Anders ausgedrückt: Wenn wir positive Veränderungen einleiten, versuchen, uns neue Gewohnheiten zuzulegen, Sport machen oder die Ernährung umstellen, sind wir am Anfang mit Feuereifer dabei und erzielen vielleicht sogar auch ganz schnell die ersten Erfolge.

Doch dann kommt es, wie es kommen muss. Stillstand tritt ein, und es stellt sich heraus, dass es nicht nur Hochs gibt, sondern auch Tiefs. Das Neue ist nicht mehr neu, sondern wird (nach drei Tagen, Wochen, Monaten oder Jahren) zur Routine. Und irgendwann lässt dann die anfängliche Leidenschaft oder Motivation nach. Es macht keinen Spaß mehr, Freunden von (… nach Belieben ergänzen) zu erzählen. Dann sind wir auf uns selbst zurückgeworfen und müssen täglich aufs Neue entscheiden, ob wir bei der Stange bleiben oder nicht.

Als an diesem Punkt meiner Ausbildung bei Socrates das Neue ziemlich an Glanz verloren hatte, bekam ich es zunehmend mit inneren Widerständen und nachlassender Begeisterung zu tun. In solchen Phasen fühlen wir uns wieder von unserm ehemaligen altvertrauten und insgesamt meistens auch bequemeren Lebensstil mit all seinen Gepflogenheiten angezogen. Zweifel steigen auf und wir sehnen uns nach der alten Lebensweise zurück. Was sollte daran eigentlich so schlimm gewesen sein?

Allein mit Willenskraft gegen das Trägheitsmoment der alten Gewohnheiten vorgehen zu wollen kommt dem Versuch gleich, einen Felsbrocken einen Hügel hochzurollen; der Druck, der damit einhergeht, erzeugt psychische Hitze, die durchaus reinigende, stärkende Wirkung hat. Aber brennen tut es trotzdem, und wir hören den süßen Gesang der Sirenen, die uns bedrängen, zum Gewohnten zurückzukehren, wie alle anderen zu sein, wieder in den Schoß der Herde aufgenommen zu werden, den Druck abzulassen.

Um eine Gewohnheit abzulegen, müssen wir also nicht nur einmal aufhören (mit dem Rauchen zum Beispiel), sondern wieder und wieder; jedes Mal, wenn wir von der Versuchung heimgesucht werden – wenn uns keiner lobt oder beglückwünscht, nur wir selbst. In solchen Momenten erinnere ich mich immer an ein Wort, das Abraham Lincoln zugeschrieben wird: »Ich strebe an so zu leben, dass mir wenigstens ein Freund bleibt, wenn ich alle anderen verloren habe, und dass dieser in meinem Inneren wohnt.«

Von einem transzendenten Standpunkt aus betrachtet ist alles, was wir tun, perfekt (kein Richtig, kein Falsch, nur mögliche Folgen). Jeder von uns muss seine eigenen Entscheidungen treffen und sein eigenes Leben führen. Es gibt aber Punkte, an denen man nicht weiß, welchen Weg man einschlagen soll, und dann kann es hilfreich sein, wenn man sich Fragen stellt wie: »Auf was möchte ich in zehn Jahren zurückblicken können? Was wäre, wenn meine Kinder vor dieser Entscheidung stehen würden? Was würde ich ihnen empfehlen?«

Der Charakter eines Menschen lässt sich an den Entscheidungen ablesen, die er trifft, wenn er unter Druck steht. Die eigentlichen Prüfsteine sind also die Beschlüsse, die wir fassen, und die Verhaltensweisen, die wir an den Tag legen, nachdem die erste Euphorie verflogen ist – wenn die Motivation nachlässt und Zweifel auftreten. Wenn unser Handeln allen Formen von Widerstand, Langeweile oder Angst zum Trotz mit unseren höchsten Zielen übereinstimmt, halten wir noch eine Stunde durch, gehen den Pfad des friedvollen Kriegers noch einen Tag weiter.

Neigungen überwinden

Ich war nicht länger Sklave meiner Impulse.
Jetzt begann für mich eine wunderbare Zeit neuer Selbstachtung. Ich spürte meine Kraft, meine Überlegenheit. Von jetzt an würde es leichter werden.
Kleine Veränderungen bewirkten ein neues Lebensgefühl. Seit meinen Kindertagen hatte ich allerlei kleine Wehwehchen gehabt: eine laufende Nase bei kühlem Wetter, Kopfschmerzen, Bauchweh und Stimmungsschwankungen. Ich hatte mich daran gewöhnt, es schien normal und unvermeidlich – aber plötzlich waren diese Symptome verschwunden!
Ich empfand eine Unbeschwertheit und Energie, die sich auch nach außen bemerkbar machte.

Nachdem ich mein Leben zum Positiven verändert hatte, fühlte ich mich tatsächlich besser. Trotzdem war das, was ich in diesem Abschnitt über die »Unbeschwertheit und Energie«, die ich empfand, geschrieben habe, ziemlich übertrieben.

Nichts bleibt so, wie es ist; der permanente Wandel gehört zu den Funktionsprinzipien der Natur. Daher bringt es gar nichts, wenn man ständig auf Fortschritte lauert, sich alle paar Minuten davon überzeugen möchte, dass es vorangeht. Auch im günstigsten Fall gilt: Hochs und Tiefs, Erschöpfung, kleinere Erkrankungen, werden uns nicht erspart bleiben, selbst wenn alles optimal läuft.

Verheißungen perfekter Gesundheit oder konstant hoher Vitalität gehen an der Realität vorbei. Trotzdem: Jenseits der genetischen Disposition wirkt sich unser Verhalten langfristig natürlich schon auf Gesundheitszustand und Wohlbefinden aus. Wie es in einem Sprichwort heißt, ist mit fünfzig jeder selbst für sein Gesicht verantwortlich. Damit ist gemeint: Im Gesicht – und natürlich auch im Körper – spiegelt sich unsere Lebensführung wider. Als junger College-Turner habe ich über solche Dinge noch nicht größer nachgedacht; aber zum Glück hatte ich ja Socrates, der mich aus der Perspektive seines Alters heraus daran erinnerte. Der Lebensstil, den ich mir seinerzeit aneignete, ist mir langfristig gut bekommen, und so kann es auch anderen gehen.

Auf lange Sicht machen sich selbst kleine Veränderungen deutlich bemerkbar. Die Erbfaktoren werden wir damit wahrscheinlich nicht komplett austricksen können, aber es bringt doch einiges. Ist der Pfeil einmal abgeschossen, hat bereits der kleinste Kurswechsel

Einfluss auf seine Flugrichtung. So ähnlich ist es auch mit einschränkenden, beziehungsweise destruktiven Angewohnheiten. Wenn wir sie ablegen, wird es sich mit der Zeit in puncto Vitalität und Selbstachtung auszahlen.

Fortschritt und Stolz

Ich lernte so langsam zu atmen, dass ich für jeden Atemzug eine Minute brauchte. Diese Übung, kombiniert mit Konzentration und der Kontrolle bestimmter Muskeln, heizte mich so auf, dass ich bei jedem Wetter draußen im Hemd rumlaufen konnte. Es war wie eine »innere Atem-Sauna«.
Begeistert stellte ich fest, dass ich Kräfte entwickelte, wie Socrates mir anfangs verheißen hatte. Ob ich doch noch ein Krieger von seiner Statur werden würde? Jetzt fühlte ich mich nicht mehr ausgeschlossen – im Gegenteil, ich fühlte mich manchmal sogar überlegen.
Wenn ein Freund über eine Krankheit klagte, wenn jemand mir seine Probleme erzählte, konnte ich guten Rat geben: Durch richtiges Essen, durch Disziplin und Verantwortung für sein eigenes Leben konnte man fast alle Schwierigkeiten meistern!

Jedes bestimmte Training führt zu ganz spezifischem Wachstum beziehungsweise Fortschritt. Mit regelmäßigen Sit-ups zum Beispiel stärken wir die Bauchmuskulatur. Daran ist überhaupt nichts Mysteriöses. Regelmäßiges Üben setzt Entschlusskraft und Disziplin voraus, hilft aber auch, sie herauszubilden.

Was allerdings meine Behauptung angeht, dass ich mich draußen bei jeder Temperatur wohlfühlte ... na ja, sorry, das war auch ein bisschen übertrieben. Tibetische Mönche praktizieren *tumo*, eine Art Druckatmung, mit der sie ihre Körpertemperatur erhöhen. Wie es heißt, können sie in feuchte Tücher gehüllt bei Temperaturen unter Null dasitzen; die Körperwärme, die sie produzieren, wird so hoch, dass sogar die Tücher trocknen. Ich habe es auf diesem Gebiet auch zu einer gewissen Kompetenz gebracht, man muss aber ständig üben, um sie nicht gleich wieder zu verlieren. Und praktisch muss man einfach sagen, dass der Energiebedarf geringer ist, wenn man sich warm anzieht.

Was ich mit diesem Abschnitt eigentlich ausdrücken wollte, war, dass ich anfing, mich meinen Freunden überlegen zu fühlen, weil ich mir ein paar außergewöhnliche Fähigkeiten angeeignet hatte. Diese Form von Stolz ist genauso irregeleitet wie der von Spitzensportlern (beziehungsweise Doktoren oder Dichtern), die sich für etwas Besseres halten, nur weil sie etwas können, was andere nicht vermögen. Natürlich kann man es auf dem einen oder anderen Gebiet zu einer gewissen Kompetenz oder sogar zur Meisterschaft bringen. Solche körperlichen Fähigkeiten beeindrucken mich heutzutage aber bedeutend weniger als Akte der Freundlichkeit und des Mitgefühls.

Selbst wenn durch Übung der Geist klarer und fokussierter und der Körper elastischer wird, spiegelt das Gefühl von Über- (oder Unter-)legenheit nur die Illusion der Trennung wider, und das ist eine der Gefahren, die der Pfad birgt. Wenn wir unsere Leistungen (und inneren Kämpfe) aus der richtigen Perspektive betrachten, werden wir demütig und bescheiden. Stolz ist völlig unangebracht. Niemand ist besser, keiner schlechter. Jeder von uns ist genau der, der er ist, und tut, was er tut. Kein Lob, kein Tadel. Nur leben und lernen.

Natürliche Atmung

»Macht nichts, Dan. Du musst dich nur entspannen beim Atmen. Ich hab dir ein bisschen geholfen – jetzt weißt du, wie es geht, wie natürliches Atmen sich anfühlt. Du wirst es immer wiederfinden. Du musst nur zulassen, dass es dich atmet, immer wieder, bis es von ganz alleine kommt. Die richtige Atemkontrolle löst alle inneren Knoten auf. Und wenn dies gelingt, wirst du ein ganz neues, körperliches Glücksgefühl entdecken.«

»Joseph«, sagte ich und umarmte ihn. »Ich weiß nicht, was du mit mir gemacht hast – aber ich danke dir, ich danke dir!«

Er strahlte mich an, mit diesem Lächeln, bei dem mir immer ganz warm wurde. Er stellte den Besen weg. »Herzliche Grüße an … Socrates.«

Es führte also kein Weg daran vorbei: Ich musste mich mit der bedeutendsten, grundlegendsten, der überlebenswichtigen Fähigkeit des Menschen beschäftigen: mit der Atmung.

Nun könnte man natürlich sagen, dass man auch durchs Leben kommt, ohne jemals bewusst mit dem Atem zu arbeiten. Die Atmung ist ein autonomes (automatisches) und in hohem Maß selbstregulierendes System: Wenn wir mehr Luft brauchen – beim Sport zum

Beispiel –, fangen wir unwillkürlich irgendwann an zu schnaufen. Das ergibt sich ganz von selbst.

Doch im Alltag atmen nur die wenigsten von uns so natürlich. Kleinkinder vielleicht noch, bei denen sich das Bäuchlein mit jedem Atemzug ausdehnt und wieder entspannt. Im Jugend- und frühen Erwachsenenalter dann – manchmal sogar schon früher – übt unser Denken Druck auf den Körper aus, sodass der Atem chronisch oder jedenfalls doch sehr häufig und in vielen Situationen eingeschnürt wird.

Jeder, der schon einmal die Disziplin aufbrachte, einen Tag lang, den ganzen Tag, auf seinen Atem zu achten, wird (in meinem Fall mit einem gewissen Frust) feststellen, wie oft wir flach atmen oder ganz mit dem Luftholen aufhören – zum Beispiel wenn wir uns auf eine feinmotorische Aktivität konzentrieren, auf der Toilette sitzen, emotional angespannt sind, uns erschrecken oder auch nur Wasser beziehungsweise Tee eingießen. Denken führt zu Anspannung, und Spannungen behindern die Atmung.

Verfechter der Körperkultur, wie Yogis und andere, empfehlen für bestimmte Zwecke verschiedene esoterische Atemübungen, die dann (ähnlich wie beim Meditieren) jeweils eine gewisse Zeit lang praktiziert werden.

Und ähnlich, wie das Fasten von der Angst befreit, nichts zu essen, können uns Übungen wie Anhalten des Atems (kurzes Atemfasten), langsames, tiefes Atmen und auf Zählen atmen die instinktive Angst nehmen, nicht genügend Luft zu bekommen. Durch bewusste Steuerung wird das Atmen ganz buchstäblich erleichtert.

Wie mir sowohl Socrates als auch Joseph erklärten, wird das gesamte Alltagsleben des friedvollen Kriegers

von seinen »normalen Ausbildungsinhalten« durchdrungen. Eine der heilsamsten Übungen besteht darin,
den ganzen Tag über auf eine zusammenhängende Atmung zu achten – entspannt und rhythmisch wie das
Pendel einer Uhr. Dabei müssen wir uns gar nicht be-
mühen, etwa besonders tief durchzuatmen, oder ein
Nasenloch zuhalten. Es genügt völlig, wenn wir bei allen Aktivitäten leicht, rhythmisch atmen und den Körper von unserem Atem bewegen lassen. Diese Übung ist
einfach, aber keineswegs leicht. Trotzdem: ein weiterer
Schritt auf dem Weg der persönlichen Entwicklung.

Die Verlockungen der spirituellen Erfahrung

*»Lass dich nicht durch solche Erfahrungen ablenken, Dan.
Durchschaue die Vision, und erkenne die Lehren, die sie dir er-
teilt. Solche Visionen sind Zeichen einer Veränderung, einer
Transformation, und wer nicht über sie hinausgeht, der kommt
nirgendwo an.*
*Wenn du durchaus etwas erleben willst, geh ins Kino. Das ist
leichter als Yoga. Meditiere meinetwegen den ganzen Tag, höre
Klänge, sieh Lichter oder sieh sogar Klänge und höre Lichter.
Du bist und bleibst ein Esel, wenn du dich durch solche Erleb-
nisse verführen lässt. Lass das alles los!«*

Während meiner Reisen im Anschluss an meine erste
Lehrzeit bei Socrates saß ich einmal vor einem charis-
matischen spirituellen Lehrer – oder war es eine Lehre-
rin? –, der eine Meditationstechnik unterrichtete, die

mir, wenn ich nur fleißig genug übte, die Vision einer blauen Perle (es kann aber auch ein blaues Kamel gewesen sein) bescheren würde. Alle, die es so weit brachten, diese blaue Perle oder was es sonst gewesen sein mag zu sehen, wurden in den Status eines »voll entwickelten Praktizierenden« erhoben.

Welche Bedeutung haben solche Visionen, derartige Höhepunkte aber für den Alltag? Helfen sie uns vielleicht, die Familie zu ernähren, der Welt zu Diensten zu sein oder Fremden mit Freundlichkeit zu begegnen? Auch das ständige Suchen nach inneren Erfahrungen, mit denen man sich beweisen will, wie weit man es schon gebracht hat, kann schnell zu Leistungs- und Statusstreben entarten, nur eben auf etwas anderem Gebiet.

Besonders vergeistigte (beziehungsweise weniger geerdete) Menschen berichten häufig von »spirituellen Erlebnissen« – Visionen, Wogen der Glückseligkeit, *kriyas* (ekstatisches Zittern) und spontane Bewegung – und erregen damit häufig Neid. Doch viele spirituell reife Menschen erleben nie so etwas Dramatisches wie Bewusstseinsveränderung oder Farbvisionen.

Socrates legte viel Wert darauf, mir zu erklären, dass jede Erfahrung, und sei sie noch so überwältigend, vorübergeht. Es kommt nicht auf das Erlebnis selbst an, sondern auf die Lehren, die man daraus zieht – in Form von echten, bedeutsamen Veränderungen des Verhaltens und der Sichtweise.

Wut und Alchemie

Ich wollte schon explodieren, aber dann lachte ich. Socrates stimmte in mein Lachen ein und zeigte mit dem Finger auf mich. »Da – eben hast du eine echte alchemistische Umwandlung erlebt. Du hast Wut in Lachen umgewandelt.«

Das kennen bestimmt die meisten von uns: Man ist wütend, traurig oder kämpft sogar mit den Tränen. Aber dann nimmt man urplötzlich einen Perspektivwechsel vor und bricht in Lachen aus. Solche Momente voller Humor beziehungsweise Transzendenz sind denen ganz ähnlich, in denen man über eine gelungene Pointe kichert. Wenn sich die Perspektive erweitert, wird etwas, was uns vorher sauer oder traurig gestimmt hat, plötzlich urkomisch, vielleicht sogar ein bisschen verrückt oder absurd. Das ist dann gleichsam, als würden wir uns mit einem Mal daran erinnern, dass wir im Grunde nur Schauspieler sind, die eine Szene aus dem Drama unseres Lebens aufführen. Wenn wir uns als Charakter auf einer Bühne sehen und aus unserem engen Blickfeld heraustreten, rückt sich die Perspektive wieder zurecht.

Genau das meinte Socrates mit der »alchemistischen Transformation«, von der er sprach. Der Akt der Selbstbeobachtung – das Umschalten von konventioneller Ernsthaftigkeit auf göttlichen Humor – ist eine der bedeutendsten spirituellen Fähigkeiten, die wir uns überhaupt aneignen können. Die Rückeroberung des Humors erfordert lediglich die Bereitschaft und nötige Bewusstheit, aus sich herauszutreten, den Kopf umzuwenden und seine Dramen, Mätzchen und Posen aus einer gewissen Distanz zu betrachten.

Realismus und Idealismus

Zwanzig Meter von ihm entfernt hörte ich seinen qualvollen Schrei, und ich sah, wie er langsam in die Knie brach und weinte. Mit einem Wutschrei sprang er wieder auf und entspannte sich. Dann entdeckte er mich.

»Dan! Wie schön, dass wir uns wiedersehen.« Sein Gesicht war gelassen und heiter.

Der Feuerwehrhauptmann kam, um mitzuteilen, der Brand sei wahrscheinlich nebenan in der Chemischen Reinigung ausgebrochen. »Danke«, sagte Joseph.

»Oh, Joseph, es tut mir so leid für dich.« Aber dann ließ es mir keine Ruhe. »Joseph, ich habe dich vorhin gesehen. Du warst sehr unglücklich.«

»Ja.« Er lächelte. »Ich war unglücklich. Und ich hab's wirklich rausgelassen.«

Unwillkürlich musste ich an Socs Worte denken. Lass los, lass es fließen …

Im Laufe der Jahre habe ich von vielen Lesern gehört, dass Josephs blitzschnelle Erholung von einem so großen Schlag auch sie vor ein großes Rätsel gestellt hatte. Nun, es hilft ja nichts, ich muss es zugeben: Auch das war Übertreibung. Um deutlich zu machen, worauf ich hinauswollte, habe ich diese »emotionale Heilung« idealisiert und besonders dramatisch geschildert. Aber weder Socrates noch ich hatten je vor, die Wirklichkeit so darzustellen, wie man sie durch eine rosarote Brille sieht.

Wer sich mit spirituellen oder religiösen Traditionen beschäftigt, trifft häufig auf solche idealistische Vorstellungen, zum Beispiel auch die Idee, man könne lernen, unentwegt oder jedenfalls die meiste Zeit über positiv zu denken. Wenn man Bücher darüber liest, selbst aber die Erfahrung macht, dass es nicht so richtig klappen will, lässt man sich leicht zu dem Glauben verleiten, dass sich der Erfolg eingestellt hätte, wenn wir uns nur mehr angestrengt und alle Übungen besser gemacht hätten. Die Autoren dieser Bücher hält man natürlich für wahre Meister in der Kunst des positiven Denkens.

In Wirklichkeit entstehen sowohl positive als auch negative Gedanken und Gefühle ganz natürlich: erfreuliche Träumereien, traurige Bilder, Ängste, Zweifel und so weiter. Und sie stellen auch keinerlei Problem dar, solange wir ihnen keine Macht geben und sie nicht mit der Wirklichkeit verwechseln.

Es gibt noch viele andere idealistische Vorstellungen: so zum Beispiel die Idee, man müsse jungen Männern und Frauen auf dem Höhepunkt ihrer hormonellen Tätigkeit predigen, sich vor der Ehe sexueller Kontakte zu enthalten. Oder Priester sollten ihr ganzes Leben im Zölibat verbringen. Von Ausnahmen abgesehen richtet man mit solchen idealistischen Vorstellungen bei Menschen aus Fleisch und Blut rein gar nichts aus.

Jetzt zu dem Zitat von oben. In diesem Abschnitt beschreibe ich, wie ich Joseph in tiefem Schmerz über das Abbrennen seines Cafés antreffe. Im nächsten Moment ist er schon wieder ganz entspannt, lächelt und begrüßt mich, als sei nicht das Geringste geschehen. Joseph hatte gelernt, los- und alles fließen zu lassen. Das ist sehr zu empfehlen, und nur aus diesem Grund habe ich die Geschichte erzählt. Wir können uns aber gern darauf einigen, dass der zeitliche Rahmen, in dem sie sich abspielte, idealistisch verzerrt war.

»Normale« Menschen brauchen in der Regel etwas

länger, um »loslassen« zu können. Wenn mich zum Beispiel jemand fragt, was man denn gegen Liebeskummer tun könne, kann ich auch nur antworten: Das tut weh, und es dauert seine Zeit. So ist das Leben.

Ideale sind von essenzieller Bedeutung, denn sie repräsentieren all das, wonach wir streben. Die Wirklichkeit dagegen zeigt an, wer und wo genau wir im Moment sind. Beziehen wir also beides mit ein. Joseph, ihr und ich, wir alle haben Verluste und Enttäuschungen erlitten und überstanden, dabei Trauer und andere Emotionen empfunden, die wie Wunden alle mit der Zeit heilen. Manche Wunden hinterlassen Narben und Erinnerungen. Auch das gehört zum menschlichen Leben, zum Pfad des friedvollen Kriegers.

Die Frage der Gewohnheiten

»Habe ich eigentlich mal erwähnt, dass es gar keine schlechten Gewohnheiten gibt?«

»Nein, hast du nicht. Und auf dein Geheiß habe ich mein Bestes getan, meine schlechten Gewohnheiten zu ändern.«

»Das war nur, um deinen Willen zu stärken und um deine Instinkte aufzufrischen. Sicher, jede Gewohnheit, das heißt, jede unbewusste, zwanghafte, ständig wiederkehrende Handlung ist negativ. Die Handlung als solche aber wie Rauchen, Trinken, Drogennehmen, Süßigkeitenschlecken ist zweierlei; sie ist gut und schlecht. Alles hat seinen Preis und sein Vergnügen. Du musst beide Seiten sehen und abwägen, ob du die Verantwortung für dein Tun übernehmen kannst. Nur dann kannst du dich wie ein Krieger frei entscheiden: Du kannst es tun – oder auch lassen.

Ein chinesisches Sprichwort sagt: ›Wenn du sitzt, dann sitze. Wenn du stehst, dann steh. Was du auch tust – niemals schwanken!‹ Also, wenn du deine freie Entscheidung getroffen hast, dann steh dafür ein und schwanke nicht. Mach's nicht wie ein Prediger, der ans Gebet dachte, wenn er Liebe machte mit seiner Frau, und beim Beten ans Liebemachen dachte.

(...)

Mir ist egal, ob ich deinen neuen Idealmaßstäben entspreche oder nicht – jedenfalls sollst du wissen, dass ich mich voll und ganz in der Hand habe. Ich kenne keine Zwänge. Ich habe keine Gewohnheiten. Alle meine Handlungen sind bewusst, zielgerichtet und in sich vollkommen.«

Socrates argumentierte manchmal in die eine Richtung, dann machte er eine Kehrtwendung und sprach sich für das exakte Gegenteil aus. Genau wie der sagenumwobene Sufi-Weise Mulla Nasrudin, der sich eines Tages einer Menschenmenge näherte, die sich um zwei Männer gebildet hatte, die entgegengesetzte Auffassungen vertraten. »Beruhigt euch!«, sagte Nasrudin. »Worum geht es denn eigentlich?« Daraufhin stellte der eine der beiden Kampfhähne seine Sicht der Dinge dar. »Du hast recht«, sagte Nasrudin am Ende kurz.

»Aber du hast dir ja noch gar nicht angehört, was ich zu sagen habe«, beschwerte sich der andere.

Nasrudin ließ es sich erzählen und antwortete schließlich mit derselben Sicherheit: »Du hast recht!«

»Moment mal«, sagte einer der Herumstehenden. »Sie können doch aber nicht *beide* recht haben.«

Nasrudin kratzte sich am Kopf und sagte: »Du hast recht.«

Ein jeder hat recht, wenn man die Sache von seinem Standpunkt aus betrachtet oder sie von verschiedenen Seiten beleuchtet.

Es gab einmal einen spirituellen Lehrer, der darauf bestand, dass sich eingefleischte Allesfresser strikt vegetarisch ernährten, während er die strikten Vegetarier zum Angeln mitnahm und darauf bestand, dass sie die Fische, die sie gefangen hatten, auch verzehrten. Mit seinen Worten und Verhaltensweisen demonstrierte mir Socrates, dass ein gutes Leben nicht auf strengen Regeln und Formeln beruht; vielmehr hat es etwas mit Geschmeidigkeit und Kraft zu tun, wenn wir unsere Neigungen und sogenannten Zwänge überwinden.

Zunächst motivierte mich Socrates zu einer disziplinierten, reinigenden Diät und Lebensweise. Auf vielerlei Gebiet verordnete er mit äußerste Selbstbeherrschung, damit ich von meiner gewohnten Zügellosigkeit abließ. Als ich mich dann aber zu höchster puritanischer Inbrunst emporgeschwungen hatte, sagte er: »Du mit deiner Disziplin, pass bloß auf! Wenn du allzu selbstgerecht wirst, bringt dich der damit verbundene *Stress* um.« Also brachte er mich dazu, etwas lockerer zu werden.

Socrates' Lehren beruhten nicht auf Kategorien wie richtig und falsch, sondern auf der Geschäftsregel, dass jede Handlung Folgen hat. Er übernahm die volle Verantwortung für das Vergnügen, aber auch für die Konsequenzen. Er machte deutlich, dass Süchte – also das zwanghafte Bedürfnis, bestimmte Verhaltensweisen ständig zu wiederholen – überwunden werden müssen. Eine Zigarette hin und wieder oder auch mal ein Bierchen war für ihn kein Problem. Er kam Wochen oder Monate ohne Zigarette aus, dann zündete er sich eine an und genoss sie, daraufhin rauchte er wieder tage-, wochen- oder monatelang gar nicht.

An einem aber ließ Socrates auch keinen Zweifel: Wer – möglicherweise aufgrund genetischer Veranlagung – zu körperlicher Abhängigkeit neigt, nach einem Glas Bier also automatisch zum nächsten greift, wie es bei manchen Alkoholikern der Fall ist –, sollte am besten ganz verzichten. Es gibt also keine Regel, die für jeden Einzelnen Gültigkeit hat.

Ewig den Puritaner oder aber auch den notorischen Hedonisten zu geben ist im Grunde viel zu einfach. Socrates brillierte in beiden Rollen, ganz nach Gutdünken. Meistens jedoch hielt er die Balance zwischen Zügellosigkeit und Selbstverleugnung.

Mäßigkeit und Leidenschaft

»Besser, du machst mit der vollen Kraft deines Seins einen Fehler, als dass du mit verzagendem Mut jeden Fehler vermeiden willst. Verantwortung heißt, das Vergnügen zu erkennen und auch seinen Preis. Verantwortung heißt, aufgrund dieser Einsicht eine Entscheidung zu treffen, und mit dieser Entscheidung leben – ohne Reue.

»Typische Entweder-Oder-Philosophie«, warf ich ein. »Und wie steht es mit der Mäßigkeit?«

»Mäßigkeit?« Er sprang auf den Schreibtisch. »Mäßigkeit ist Mittelmäßigkeit im Gewande von Klugheit und Vernunft. Sie ist der vernünftige Kompromiss des Teufels, der niemanden glücklich macht. Mäßigkeit ist etwas für die Lauen, für die Schuldbewussten, für die Zaungäste dieser Welt, die keinen Mut zum eigenen Standpunkt haben. Sie ist etwas für Leute, *die nicht den Mut haben zu lachen oder zu weinen, die nicht den Mut haben zu leben oder zu sterben.* Mäßigkeit« – *er richtete sich auf und holte zum letzten Vernichtungsschlag aus* – »*ist wie* lauwarmer Tee, *des Teufels eigenes Gebräu!*«

»*Deine Predigten, Soc*«, *lachte ich,* »*kommen daher wie ein Löwe und enden kläglich wie ein Lämmchen. Du solltest mehr üben.*«

Schulterzuckend stieg er von seinem Schreibtisch herab. »*Das haben sie mir auch im Seminar gesagt.*«

Eine weitere paradoxe Passage in dem Buch. Es geht um Socs augenscheinliche Verachtung der Mäßigkeit. Seit jeher empfehlen die Weisen der verschiedenen Kulturen, von den Taoisten Chuang Tzu und Lao Tzu bis hin zu den griechischen und römischen Philosophen den Weg der Ausgeglichenheit und Mäßigkeit. In der Politik werden die Sprecher der Mitte in aller Regel für glaubwürdiger gehalten als die extremen Linken oder Rechten (von den Fundamentalisten selbst einmal abgesehen).

Im Alltag stimmen wir überein, dass weder zu schnelles noch zu langsames Essen oder zu lautes beziehungsweise zu leises Sprechen besonders gut ist. Ebenso wenig würden wir uns zu schnell oder zu langsam bewegen wollen. Das Märchen von Goldlöckchen und den drei Bären bringt diese Weisheit gut zum Ausdruck – nicht zuletzt deshalb ist es seit Generationen so beliebt.

Socrates führte ein sehr ausgeglichenes Leben. Sein Gefühl für Entspannung und Wohlbehagen, die Art, wie er sprach oder sich bewegte – all das drückte Mäßigung aus. Er konnte aber auch überaus leidenschaftlich sein und sich wieselflink bewegen, wenn ihm danach

war, oder die Extreme ausloten, sofern es seinen Lehr-
zwecken diente.

Socs kleine Tirade gegen die Mäßigkeit richtete sich
im Grunde an alle, die Angst haben, auch einmal Leidenschaft zu zeigen, ihre Meinung zu sagen, dramatisch aufzutreten, ihre Grenzen zu überschreiten und
ihre persönliche Komfortzone zu verlassen. Bei solchen
schüchternen Seelchen kann ein »moderates« Leben in
behagliches auf der Stelle Treten abgleiten, das sie von
jeglicher Aufregung und jedem Abenteuer abhält. Solche Leute sind Warmduscher, die abends immer zur sel-
ben Zeit – bloß nicht zu spät! – ins Bett gehen und
schon gar nicht mehr wissen, wie es ist, auch einmal die
Nacht durchzumachen beziehungsweise schon am
Nachmittag mit einem guten Buch oder einem geliebten
Menschen in die Federn zu steigen.

Socrates predigte keinen wilden oder verrückten Lebensstil. Er setzte sich aber vehement dafür ein, die
Routine zu durchbrechen – flexibel, unvernünftig und
von Kopf bis Fuß lebendig zu sein.

Ein begnadeter Augenblick

*Auf dem Heimweg war ich so überwältigt von Dankbarkeit,
dass ich mich hinknien musste – und die Erde streicheln. Ich
hob eine Handvoll Staub auf und richtete den Blick empor
zum smaragdgrün leuchtenden Laub der Alleebäume. Einen
wunderbaren Moment lang schien ich wie mit der Erde ver-
wachsen. Und dann spürte ich – zum ersten Mal seit Kindertagen – die Anwesenheit jener Leben spendenden Macht ohne
Namen.*

In diesem Moment hielt ich Zwiesprache mit einer Präsenz, die größer und liebevoller war als alles, was ich je kennengelernt hatte. Sie transzendierte alle irdischen Probleme und brachte alles wieder ins Lot, genau wie die Umarmung einer Mutter.

Diese Erfahrung schien so offensichtlich und ewig präsent zu sein, dass ich mich später fragte, warum ich mir ihrer nicht ständig bewusst war. Genau wie in dem Sprichwort »Es gibt nur zweierlei: Gott und nicht aufpassen.« Ob wir es nun Gott, Realität, Schönheit oder Inspiration nennen: Ich hatte nicht aufgepasst, weil ich vollkommen im alltäglichen unterschwelligen Gemurmel meiner Problemchen und Verpflichtungen verfangen war.

Spirituelle Präsenz umgibt und umfängt uns immer, in diesem Moment, aber auch in jedem anderen. Im Wetterbericht wird es kaum je heißen: »Die Chance, dass es regnet, beträgt zwanzig Prozent, die Wahrscheinlichkeit, dass es zum Eintreffen von Geist kommt, liegt bei dreißig Prozent.«

In Wahrheit mangelt es uns nie an göttlicher Unterstützung und Stärkung. Wir werden nie im Stich gelassen. Wir müssen bloß aufmerksam genug sein, den Blick nach oben und in die Ferne zu richten. Genau darum geht es letztlich bei jeder besseren Religion und spirituellen Praxis. Die ganzen Übungen und Rituale, das Chanten, Singen und Beten sind einfach nur Wege, unsere Aufmerksamkeit auf die ewige Präsenz zu lenken, die ich an jenem ruhigen Abend in einem Moment der Gnade empfand.

Wenn der Tod ruft

»Socrates, bist du nicht unglücklich? Ein bisschen wenigstens?«

Er legte den Schraubenschlüssel weg.

»Ach, das erinnert mich an eine Geschichte. Ich habe sie vor langer Zeit einmal gehört, über eine Mutter, die vom Schmerz über den Tod ihres Kindes überwältigt war.

›Ich halte es nicht aus. Dieser Schmerz!‹, sagte die Frau zu ihrer Schwester.

›Schwester, hast du um deinen Sohn getrauert, bevor er geboren war?‹

›Nein, natürlich nicht‹, sagte die unglückliche Frau.

›Also, dann brauchst du auch jetzt nicht um ihn zu trauern. Er ist nur dorthin zurückgekehrt, wo sein Ursprung liegt, wo er zu Hause war, bevor er zur Welt kam.‹«

»Socrates, ist diese Geschichte ein Trost für dich?«

»Hm, es ist eine gute Geschichte. Vielleicht erkennst du es mit der Zeit«, erwiderte er, und seine Augen strahlten.

»Ich glaube dich zu kennen, Socrates, aber ich hätte nicht gedacht, dass du so herzlos sein kannst.«

»Es gibt keinen Grund, unglücklich zu sein.«

»Aber, Socrates, er ist fort.«

Soc lachte leise. »Vielleicht ist er fort, vielleicht nicht. Vielleicht war er nie hier.« Sein unbeschwertes Lachen erschreckte mich.

»Ich möchte dich verstehen, aber ich kann nicht. Wie kann man so gleichgültig sein, wenn ein Freund stirbt? Wirst du genauso empfinden, wenn ich einmal sterben muss?«

»Natürlich«, sagte er. »Dan, es gibt Dinge, die du heute noch nicht verstehst. Nur eins will ich dir sagen: Der Tod ist ein Übergang, eine Umwandlung, eine Transformation (…) vielleicht etwas einschneidender als die Pubertät. Aber er ist kein Anlass zur Traurigkeit. Er ist nur eine der vielen Verwand-

*lungen unseres Körpers. Kommt der Tod, dann kommt er
eben. Ein Krieger sucht den Tod nicht, aber er flieht ihn auch
nicht.«*
*Sein Gesicht wurde ernst. »Der Tod an sich ist nicht traurig.
Das einzig Traurige ist, dass die meisten Menschen nie richtig
gelebt haben.« Tränen stiegen Socrates in die Augen bei diesen
Worten.*

Genau wie Mystiker, Mönche und Heilige, aber auch
Menschen, die klinisch tot waren und ins Leben zurückgekehrt sind, hatte auch Socrates keine Angst mehr
vor jenem unausweichlichen Ereignis, an das die meisten von uns am liebsten gar nicht denken.

Jeder Anfang zieht unweigerlich ein Ende nach sich.
Das heißt, vielleicht nicht direkt ein Ende, eher eine
weitere Drehung des Lebensrades. Im Herbst lockern
sich die Blätter von den Zweigen, um im Frühjahr
durch neue ersetzt zu werden. Das ist der Lauf der Natur, der Gang des Universums. Die abgefallenen Blätter
werden zu Kompost, der die Erde nährt und neues
Wachstum hervorbringt. Vom Standpunkt des Blattes
aus betrachtet, ist das der Tod, aus der Perspektive des
Baumes und der Erde eine hochwillkommene Entwicklung.

Jeder von uns hat ein Leben. Vielleicht auch mehrere; da wir uns an die aber in der Regel nicht erinnern,
ist es wahrscheinlich das Beste, so zu leben, als gäbe es
uns nur einmal. Bei der Geburt ist den meisten von uns
kalt, und wir haben keinerlei Orientierung. Angesichts
des Todes empfinden wir Angst und Unbehagen. Am
schlimmsten ist es in der Pubertät. Aber welcher größere Übergang ist schon leicht?

Soc führte mir vor Augen, dass wir Tag für Tag geboren werden und sterben, durch die Leere gehen und am Morgen wieder aufwachen. Jeden Tag bewirken wir etwas, hinterlassen Spuren oder Unerledigtes, um das wir uns dann in der Regel am nächsten kümmern müssen. Vielleicht ist es mit mehreren Leben ja auch nicht anders.

Konventionell betrachtet ist der Tod sehr real und häufig tragisch – wir verlieren all unsere Freunde und lieben Menschen, und zwar entweder durch deren Tod oder den eigenen. Verlust und Trauer sind ganz natürliche Bestandteile des Lebens. Niemand, der je am Totenbett eines Elternteils oder Freundes gesessen und danach die leere Hülle gesehen hat, kann die Realität des Todes leugnen.

Wenn Socrates vom Tod sprach, dann von der transzendenten Wirklichkeit dessen, was wir in Wahrheit sind – das Bewusstsein, das hinter und aus Milliarden von Augenpaaren schimmert. So gesehen, ist der Tod nicht mehr als ein Wassertropfen, der sich mit dem Ozean verbindet – kein welterschütterndes Ereignis.

Auf unserem Planeten sterben in diesem Moment Millionen von Lebewesen oder werden geboren, darunter auch Menschen. Eine Kreatur frisst die andere, alles in einem dynamischen Spiel des Wandels, alles ganz natürlich.

Manche sehen im Leben die Chance, sich auf einen guten Tod vorzubereiten – das Bewusstsein so zu schärfen, dass der Übergang bewusst erfolgen kann. Ich freue mich auf meinen Tod, weil ich dann herausfinden werde, was als Nächstes kommt, falls überhaupt etwas. In der Zwischenzeit aber versuche ich so lange und erfüllt zu leben wie ich kann, denn jeder Tag ist eine neue Gelegenheit, zu lernen, zu lehren, zu dienen.

In der Hauptsache kommt es darauf an, vor dem Tod wahrhaftig zu leben und seinen Beitrag zu leisten. Socrates hat das Leben in seiner ganzen Fülle ausgekostet und war es zufrieden, als seine Zeit gekommen war. Wie sagen doch die Ureinwohner Amerikas so gern: »Heute ist ein guter Tag zum Sterben.«

Aber auch zum Leben.

Zu Kapitel fünf:

Der Weg in die Berge

Das Wissen um den Pfad
ist kein Ersatz dafür,
einen Fuß vor den anderen zu setzen.

M. C. Richards

Antworten aus dem Inneren

»Du wirst die Antwort auf deine Fragen selbst finden müssen.
Am besten fang gleich damit an. Geh hinaus, hinter die Tank-
stelle. An der Mauer des Hofes liegt ein großer flacher Stein.
Setz dich dorthin und bleib sitzen, bis du mir etwas Wesent-
liches zu sagen weißt.«

Mit der Aufforderung, die Antworten auf meine Fragen
selbst zu finden, gab mir Socrates den Anstoß, meine Psyche und mein Leben ins Gleichgewicht zu bringen. Bevor
ich ihm begegnete, hatte ich wie die meisten Menschen
im Westen im Sinne einer an Vordergründigkeiten orien-
tierten, technologischen, informationsverschlingenden,
alle Antworten im Außen suchenden Konsumgesell-

schaft gelebt. Socrates regte mich nun an, auf mein inneres Wissen zu vertrauen und etwas von Wert in mir selbst zu suchen. Nachplappern von Dingen, die ich irgendwo gelesen oder gehört hatte, ließ er mir nicht durchgehen; als Student war ich darin ziemlich gut.

Soc forderte mich auf, die grenzenlose Intelligenz zu achten und anzuzapfen, zu der wir alle Zugang haben, sofern wir Augen und Ohren aufmachen und vertrauen. Aber nur die wenigsten von uns verlassen sich auf ihre innere Verbundenheit mit dem, was C. G. Jung das *kollektive Unbewusste* nannte. Soc wartete, dass ich diesen gewaltigen inneren Quell entdeckte.

Praktisch ausgedrückt: Wenn wir Golfspielen oder auch irgendetwas anderes lernen wollen, kann es von großem Nutzen sein, bei einem erfahrenen Coach oder Lehrer zu trainieren. Klug wäre es jedoch, das innere Wissen, den moralischen Kompass – den Funken der göttlichen Intelligenz, der ein wertvoller Schatz ist – nie von irgendwelchen äußeren Anweisungen überschatten zu lassen.

Damit ich mich nicht allzu sehr auf ihn verließ, bestand Socrates darauf, dass ich die Antwort auf meine Fragen selbst fand. Er ermutigte mich, an die Quelle der Führung zu gehen, die im Herzen jedes Menschen sprudelt, dort, wo sein höheres Selbst spricht.

Etwas Wesentliches

Welche Bedeutung, so fragte ich mich, immer noch auf meinem Stein balancierend, mochte dieser kleine Zwischenfall haben? Und auf einmal wusste ich, dass ich Socrates etwas Wesentliches zu sagen hatte.

Ich lief ins Büro hinüber, beugte mich vor Eifer über den Schreibtisch und platzte heraus: »Es gibt keine alltäglichen Momente.«

Leser des *Pfades des friedvollen Kriegers* erinnern sich vielleicht, dass ich lange auf dem Stein saß, bis ich schließlich etwas »Wesentliches« zu sagen hatte. Vieler Stunden angestrengter Betrachtung und etlicher Fehlstarts hatte es bedurft, bevor ich dann mit einer echten Einsicht aufwarten konnte – der Erkenntnis, dass es »keine alltäglichen Momente« gibt.

Wenn man diesen Satz einfach so liest, besteht die Gefahr, dass er auch zu einer Sprechblase, einer Affirmation, einem Klischee wird. »Ja, klar«, denkt man vielleicht. »Weiß ich doch. Hab ich schon mal gehört.« Doch wenn wir uns den Inhalt dieses Satzes wirklich zu Herzen nehmen, verändert sich unser ganzes Leben. Dann fangen wir an, der Welt unsere ungeteilte Aufmerksamkeit zu schenken.

Man erinnert sich nicht an bestimmte Tage, sondern immer nur an einzelne Momente. Das ganze Leben besteht aus einer Reihe von Augenblicken. Und völlig unabhängig von allen Überzeugungen oder Glaubensvorstellungen bleibt es bei der universellen Wahrheit, dass die Qualität dieser einzelnen Momente unsere gesamte Lebensqualität bestimmt.

Socrates führte mir vor Augen, dass Sportler trainieren, Autoren das Schreiben und Musiker auf ihrem Instrument üben – *friedvolle Krieger aber üben sich in allem*. Die meisten Menschen haben jedoch längst mit dem Üben aufgehört und machen nur noch die Bewegungsabläufe – Zähneputzen, Abendbrot vorbereiten und alle möglichen anderen Dinge, die wir schon Hunderte von Malen getan haben, ohne richtig darauf achten. Etwas zu üben aber impliziert die feste Absicht, seine Leistungen zu steigern und sich zu verbessern. So widmen wir uns also jeden Moment des Tages der Aufgabe, geschmeidiger zu gehen, runder zu atmen und überhaupt alles zu üben, was wir sonst einfach nur getan hätten. Das Üben öffnet uns für die Gegenwart des Augenblicks und macht aus jedem Moment einen außergewöhnlichen.

Fragen wir uns tagsüber also ruhig immer mal wieder: »Tue ich das jetzt einfach nur, oder übe ich mich darin?«

Eine Frage der Perspektive

»Du musst schon mehr bringen als das Normale, Alltägliche oder Vernünftige. Das Reich der Krieger liegt jenseits des Durchschnitts. Und das wolltest du doch – über den Durchschnitt hinauswachsen, oder? Du wolltest überdurchschnittlich sein im Reich des Durchschnitts – jetzt hast du die Chance, guter Durchschnitt zu werden im Reich des Überdurchschnittlichen.«

Noch einmal gefragt: Erwartet uns denn nun tatsächlich ein »Reich der Krieger«? Ja, ganz bestimmt – allerdings nur metaphorisch gesprochen. Das Reich des Kriegers befindet sich mitten in unserer Welt, mitten in diesem Moment. Um den Pfad des friedvollen Kriegers entdecken zu können, müssen wir nicht aus unserem Körper

heraustreten oder in eine andere Dimension vordrin-
gen. Während wir einen Fuß vor den anderen setzen,
erscheint der Pfad – Schritt für Schritt.

Socrates betonte gern, und da kann ich mich ihm nur
anschließen, dass wir uns als friedvolle Krieger immer
in der Ausbildung befinden – auch jetzt, da wir uns mit
der *condition humaine* herumschlagen und uns im Alltag
mit all seinen Stolpersteinen bezüglich Beziehungen,
Gesundheit, Arbeit und Finanzen weiterentwickeln.

Als Starturner im College war ich der Hecht im
Karpfenteich. Als ich dann aber einen neuen Referenz-
rahmen betrat, in dem höhere Standards herrschten
und größere Anforderungen gestellt wurden, wurde ich
schnell auf Normalmaß zurechtgestutzt, musste mein
Streben nach Überlegenheit aufgeben und akzeptieren,
dass ich auch nur ein Mensch bin.

Als Kind ging es mir so, dass ich mich unter den älte-
ren, größeren Jungs ganz klein und unbedarft fühlte,
aber stark und weise, wenn ich mit jüngeren Freunden
zusammen war. Selbst damals schon musste ich begreifen, dass es immer jemanden gab, der etwas besser
(oder auch schlechter) konnte als ich, und dass es keinerlei Sinn hatte, sich mit anderen vergleichen zu wollen.

Da wir letzten Endes alle ein Leib und eine Seele sind,
ist jedes Gefühl von Über- oder Unterlegenheit Illusion.
Soll sich der Arm vielleicht mit dem Bein vergleichen?
Das Hirn sich dem Herzen überlegen fühlen?

Es gibt keine Überlegenen, keine Unterlegenen – nur
uns alle, gemeinsam. Dass ich mich so für diese Perspektive stark mache, würde Socrates bestimmt gut gefallen.

Die Knochenmassage

»Du bewegst dich recht gewandt«, sagte er, »verglichen mit dem Durchschnitt der Menschen. Trotzdem ist dein Körper voller Blockierungen und Knoten. Du hast zu viel Spannung in deinen Muskeln, und verspannte Muskeln verbrauchen mehr Energie. Du musst also vor allem lernen, deine aufgestauten inneren Spannungen freizusetzen.

(...)

So, jetzt pass auf, was ich mache, und mach's mir genau nach.« Und er fing an, seinen linken Fuß mit einem wohlriechenden Öl einzureiben, sorgfältig massierend, den Rist, den Spann, die Seiten und dann die Sohle und zwischen den Zehen – den ganzen Fuß drückend, quetschend, pressend, auseinanderziehend.

»Du musst die Knochen massieren, nicht nur das Fleisch und die Muskeln. Grab deine Finger tiefer hinein«, sagte er. So brauchten wir eine halbe Stunde, bis wir mit dem linken Fuß fertig waren. Dann kam der rechte dran. Und dann alle anderen Körperteile, einer nach dem anderen. Ich lernte Tatsachen über meine Muskeln, die ich – ein Leistungssportler! – noch nicht gewusst hatte. Ich spürte die Sehnen, die Formen der Knochen und die genial konstruierten Gelenke.

Sorgen, Beklemmungen, Anhaftungen, Widerstände und Ängste führen mit der Zeit zu körperlichen Spannungen. In unserem gegenwärtigen Zustand von Anspannung oder Lockerheit spiegeln sich also viele verschiedene Dinge aus der Vergangenheit wider. Denn die Vergangenheit wird nicht nur im Gedächtnis gespeichert, sondern auch in den Knochen, Muskeln und im Bindegewebe. Viele Lehrsysteme zielen darauf ab, alte Traumata zu bereinigen und die Psyche von emotionalen Belastungen zu befreien. Noch bedeutend mehr Arbeit aber erfordert es, den Körper von der Vergangenheit zu befreien.

Wir können unsere Psyche wie eine archäologische Grabungsstelle behandeln und den abgelagerten Schutt Schicht für Schicht abtragen. So faszinierend das auch sein mag: Unter jeder Schicht findet sich doch gleich wieder die nächste. Wenn wir aber direkt auf physischer Ebene arbeiten, indem wir chronische Verspannungen abbauen, verjüngen wir den Körper, kehren in einen kindlicheren Zustand zurück und verhelfen uns selbst zu wirksameren Bewegungen, mehr Energie und schnellerer Heilung. Statt also das Glück im Kopf zu suchen, können wir auch, ganz praktisch, den Körper glücklicher und friedvoller machen.

Die Selbstmassage, wie Socrates sie mich lehrte, ist eine Möglichkeit, den Müll der Vergangenheit abzutransportieren. Indem ich die Verantwortung übernahm, an und mit mir selbst zu arbeiten, lernte ich mich buchstäblich bis auf die Knochen kennen. Aber das ist nur eine Methode, seinen Körper kennenzulernen und die Spannungen und Unausgewogenheiten abzubauen, die sich im Laufe der Zeit fast zwangsläufig einstellen. Auf dem Pfad des friedvollen Kriegers gibt es noch viele andere Möglichkeiten, den Körper mithilfe bewusster Bewegungsarbeit (wie etwa Yoga, Tai-Chi oder Qigong) von seiner Vergangenheit zu befreien, die Gegenwart zu genießen und die Zukunft zu bereichern.

Satori und der Pfad

»Jetzt will ich dir etwas über Satori erzählen, einen Begriff aus dem Zen. Satori ist der Seelenzustand des Kriegers. Man tritt ein ins Satori, sobald man frei von Gedanken und nur noch reine Aufmerksamkeit ist. Der Körper ist in Aktion, und doch entspannt und sensibel.«

»Dies Gefühl kenne ich, Socrates«, warf ich eifrig ein. »Besonders bei spannenden Wettkämpfen, wenn ich etwas riskiere. Dann bin ich so konzentriert, dass ich nicht mal den Beifall der Zuschauer höre.«

»Ja, genau. Das ist das Satori-Erlebnis«, bestätigte er. »Und wenn du mich richtig verstehst, hast du nicht nur den wahren Sinn des Sports begriffen, sondern auch den wahren Sinn allen aktiven und schöpferischen Tuns, sei es Malen, Musik machen, Handwerk oder etwas anderes – alles sind Pforten zum Satori. (...) Und aus diesem Grund ist auch das Turnen eine Kriegerkunst. Es ist ein Mittel, um Geist, Gefühl und Körper zu trainieren. Es ist eine Pforte zum Satori. Als letzten Schritt aber muss der Krieger die dabei erreichte Klarheit auf sein alltägliches Leben übertragen. Dann kann Satori zur Wirklichkeit werden für dich – zum wahren Schlüssel der Pforte.«

Der Begriff *Satori* beschreibt einen Zustand, für den es im Englischen keine einzelne Entsprechung gibt. Er umfasst all jene Momente, in denen Körper, Geist so integriert und aufeinander abgestimmt sind, dass daraus etwas entsteht, das größer ist als die Summe der einzelnen Teile.

Schauspieler, Spitzensportler, Krieger und Mönche, die Meditation in Bewegung praktizieren, kennen *Satori*.

Es sind die Momente, in denen Kopf, Herz und körperliche Vitalität in großer Harmonie zusammenwirken. Die meisten von euch werden so etwas auch schon einmal erlebt haben. In solchen Momenten können wahre Wunder geschehen, nicht nur beim Sport.

Socrates ging es weniger darum, dass ich Medaillen gewann. Viel wichtiger war ihm, dass ich auch im Alltag mehr und mehr in diesen Zustand der Verbundenheit kam, in dem der Akteur ganz in den Hintergrund tritt und nur noch die Bewegung und der Flow bleiben. Das Paradoxe daran ist, wie er mir einmal erklärte: Der Schlüssel zur Pforte liegt darin, dass das »Ich« diesen Zustand der Versunkenheit erreicht. Doch dann gibt es niemanden mehr, der hindurchgeht.

Die Kunst der Widerstandslosigkeit

»Die Budo-Künste lehren Harmonie – das Prinzip der Widerstandslosigkeit vor dem Angriff. Sieh dir die Bäume an, die sich dem Wind beugen und dennoch stehen bleiben. Solch eine innere Haltung ist wichtiger als jede physische Technik.«
Mit seinen Aikido-Griffen warf Soc mich jedes Mal auf den Rasen, und zwar mühelos – ganz gleich, wie sehr ich mich anstrengte, ihn aus dem Stand zu hebeln, ihn umzustoßen oder sogar ihm ein Bein zu stellen. »Nie sollst du gegen etwas ankämpfen«, sagte er. »Wenn du gestoßen wirst, dann zieh. Wenn du gezogen wirst, dann stoße. Du sollst die natürliche Richtung des Angriffs erkennen und dich ihr beugen. Auf diese Weise vereinigst du dich mit der Kraft der Natur.« Seine Wendigkeit im Kampf war Beweis genug für seine Worte.
(…)

Beim Trainingspensum in der Halle versuchte ich anzuwenden, was ich gelernt hatte: »Die Bewegung von selber geschehen lassen, nicht sie erzwingen!«

Unverkrampfte, fließende Bewegungen entsprechen dem geistigen Gesetz der Hingabe, Akzeptanz, Widerstandslosigkeit – nicht mehr kämpfen, sondern alles, was kommt, annehmen und für sich nutzen, die Kraft, die Energie, die Umstände mit Anmut handhaben. Dies gilt nicht nur für die Kampfkünste, sondern auch im Alltag.

Ein solches Fließen muss man üben; denn wir sind gewohnt, Widerstand zu leisten, uns zu ärgern, Erwartungen zu haben, festzuhalten oder zu erstarren. Wie dickköpfige Kinder, die von ihren Eltern gemaßregelt werden, steigen wir auf die Bremse und ziehen in die andere Richtung. Dieses Fließen zu lernen erfordert Zeit, feste Absichten und viel Praxis. Müssten wir einen mächtigen Fluss durchqueren, wäre es unklug, gegen den Strom zu schwimmen (wie wir es im Alltag so häufig tun); viel besser wäre es, sich von der Strömung tragen zu lassen.

Aikido (besonders aber auch die altrussische Kampfkunst, die Soc ursprünglich gelernt hatte und die heute Systema genannt wird) basiert auf dieser entspannten, natürlichen Praxis der Widerstandslosigkeit – erzieht die Schüler zu neuen Bewegungen und neuem Sein. Doch seine eigentlichen Früchte trägt der Pfad des friedvollen Kriegers nicht beim Sport oder im Kampfkunst-Dojo, sondern natürlich mitten im Alltag.

Meditation in Aktion

»Wenn man sein Tun meditiert, so ist es was andres, als wenn man es tut«, sagte er. »Um etwas zu tun, braucht es jemanden, der die Tat ausführt. Wenn du hingegen dein Tun meditierst, hast du schon jeden Gedanken losgelassen – sogar den Gedanken an ein Ich. Es bleibt kein Ich mehr, das die Tat ausführen könnte. Sie tut sich selbst – und indem du dich vergisst, wirst du selbst zur Tat, die sich tut. Und so wird dein Handeln frei, spontan, ohne Ehrgeiz, Angst oder Hemmungen.«

In seinem Klassiker *Zen in der Kunst des Bogenschießens* beschreibt Professor Eugen Herrigel seine ersten Tage in einer japanischen Zen-Schule des Bogenschießens – kyudo, »Weg des Bogens«. Er sollte einen Pfeil auf eine etwa zehn Meter weit entfernte Strohwalze schießen. In Deutschland hatte er etwas Gewehr- und Pistolenschießen gelernt, also spannte er den Bogen, löste den Schuss und beobachtete, wie der Pfeil sein Ziel erreichte. Mit einem gewissen Stolz drehte er sich zu seinem Meister um und musste sehen, dass er den Kopf voller Missfallen schüttelte.

Nach dem nach außen gerichteten, zielorientierten Training, das er genossen hatte, verstand Herrigel die Welt nicht mehr. Erst viele Monate intensiven Übens später begann er zu begreifen, dass beim *kyudo* das Ziel nicht darin besteht, eine gelungene Show abzuliefern, sondern im inneren Zustand von Satori: Es geht um den egolosen Schuss, der keinen Schützen kennt, der den Schuss abfeuert – nur Bogen, Pfeil, Ziehen, Fliegen. Anders ausgedrückt: Der Körper schießt ohne das Empfinden irgendeines »Ichs«, das die Kontrolle hätte.

Nach fast einem Jahr stand Herrigel eines Tages da, atmete sanft – der Pfeil wurde gelöst, flog – und traf eine Ecke des Strohballens. Der Meister rief: »Hai! Ja!« Und Herrigel erkannte, was da stattgefunden hatte: eine selbst-lose, natürliche Handlung ohne jede Angst und Anhaftung, ohne allen Ehrgeiz. Da gab es niemanden, der siegen, niemanden, der scheitern konnte. Kein Lob, kein Tadel.

Später fand Herrigel die Gelegenheit, seinen Sensei zu fragen: »Ich glaube zu verstehen, was Sie mit dem eigentlichen, dem inneren Ziel meinen, das getroffen werden soll. Aber wie es zugehe, dass das äußere Ziel, die Papierscheibe, getroffen wird, ohne dass der Schütze gezielt hat, und dass somit die Treffer äußerlich bestätigen, was sich innerlich ereignet – diese Übereinstimmung ist mir unbegreiflich.«

Der Meister nahm den Bogen und stellte sich vor die Zielscheibe. »Mach das Licht aus!« Herrigel gehorchte. Im Dunkeln hörte er, wie der Pfeil zweimal nacheinander die Zielscheibe traf. »Licht an«, sagte der Meister.

Als sich Herrigels Augen an die Helligkeit gewöhnt hatten, sah er mitten im Schwarzen der Zielscheibe zwei Pfeile – so nahe beieinander, dass der eine fast auf dem anderen saß. Später erfuhr er vom Rekord des Meisters: zwölf Treffer hintereinander. Meditation in Aktion.

Wenn das Ego die Show nicht dirigiert, geht die Show dennoch weiter – wie sich herausstellt, sogar noch effektiver.

Wie würde sich die Qualität des Lebens verbessern, wenn wir alles, was wir täglich tun, essen, gehen, sprechen, ganz natürlich und spontan geschehen ließen, ohne dass ein Akteur die Zügel fest in der Hand hält?

Solche egolosen Handlungen meinen die Zen-Meister, wenn sie uns den Rat geben, »beim Leben zu sterben«.

Ich habe ziemlich lange gebraucht, bis ich diese Kernlehre von Socrates wirklich verinnerlicht hatte – den Griff zu lockern, aus der Routine herauszutreten und Moment für Moment zu sterben, damit ich richtig leben konnte.

Zu Kapitel sechs:

Freude jenseits des Denkens

Es gibt nur die Aufgabe,
vor die uns der gegenwärtige Augenblick stellt,
nichts anderes.
Ein Menschenleben ist eine Aneinanderreihung von
Einzelmomenten.
Wenn man jeden dieser Momente vollkommen begreift,
gibt es sonst nichts zu tun und weiter nichts anzustreben.

Yamamoto Tsunetomo

Eine Rückkehr in die Kindheit

»*Früher einmal, da bist du in strahlendem Glück geschwom-*
men. Du konntest dich an den einfachsten Dingen erfreuen.«
(…) Dann nahm er meinen Kopf zwischen beide Hände – und
sandte mich zurück in meine Kindheit.
Mit weit offenen Augen bestaune ich Farben und Formen der
Dinge, während ich über die Fliesen des Fußbodens krabble.
Ich streichele einen Teppich, und er streichelt mich wieder.
Alles leuchtet, alles lebt. (…)
Etwas später. Ein frischer Lufthauch streicht mir übers Gesicht.
Ich krieche im Garten umher. Überall ragen bunte Blumen auf.

Unbekannte Gerüche hüllen mich ein. Ich reiße eine Blüte ab und stecke sie in den Mund. Eine bittere Botschaft! Ich spucke sie aus. Meine Mutter kommt. Ich strecke die Hand hoch und zeige ihr ein zappeliges schwarzes Ding, das meine Hand kitzelt. Sie bückt sich und wischt es weg. »Pfui, böse Spinne«, sagt sie. Dann hält sie mir ein weiches Ding an die Nase. »Rose«, sagt sie. Noch einmal macht sie diesen Laut: »Rose.« Ich blicke auf zu ihr, dann um mich herum und tauche wieder ein in die Welt der leuchtenden Farben.

Vor mir sehe ich Socrates' alten Schreibtisch, den gelben Teppich im Tankstellenbüro. Ich muss den Kopf schütteln. Alles erscheint mir unscharf, ohne Leuchtkraft.

»Socrates, ich bin wie im Halbschlaf. Vielleicht sollte ich den Kopf unters kalte Wasser halten, damit ich wach werde. Bist du sicher, dass ich von dieser letzten Reise keinen Schaden behalten habe?«

»Der Schaden, Dan«, sagt er, »ist viel früher geschehen, im Laufe der Jahre. Wie – das wirst du bald erkennen.«

»Dieser Ort … es war wie der Garten Eden.«

»Richtig, Dan. Es war der Garten Eden. Jedes Kind lebt in einem leuchtenden Garten, wo es die Dinge direkt empfindet, ohne die Einmischung von Gedanken. Der Sündenfall«, fuhr er fort, »passiert in jedem Menschen, wenn er beginnt, sich Gedanken zu machen. Indem wir den Dingen Namen geben und glauben, sie dann zu kennen. (…) Jetzt hast du Namen für alle Dinge gelernt und kannst sie in Kategorien stecken: Dies ist gut, jenes ist schlecht, dies ist ein Stuhl, das ein Tisch, ein Auto, ein Haus, eine Blume … Hund, Katze, Frau, Mann, Sonnenuntergang, Meer, Stern und so weiter.«

Bevor ich Socrates kennenlernte, war mir das Jesus-Wort, wir müssten wie die Kindlein werden, um ins

Himmelreich zu kommen, nie recht begreiflich. Heute verstehen die meisten von uns, dass wir das »Himmelreich« in uns tragen und dass sich dieses Bibelzitat auf die Klarheit der Wahrnehmungsfähigkeit bezieht, die Kinder besitzen, solange sie die Verkrustungen unserer komplexen Erwachsenenfilter noch nicht übernommen haben. Kleine Kinder verfügen über Qualitäten, die denen eines Zen-Meisters nicht unähnlich sind. Mit einem entscheidenden Unterschied: Der Zen-Meister hat sein Ego transzendiert beziehungsweise durchschaut, bei Kindern ist es noch gänzlich unentwickelt.

Mein Besuch im Garten der klaren, strahlenden, unverdorbenen Wahrnehmung – und mein späterer »Sündenfall« in Etiketten, Bedeutungen und Überzeugungen, die jeden unmittelbaren Sinneseindruck verfremden – war dazu gedacht, meinen Lesern verständlich zu machen, was wir alle hinter uns haben.

Mit was für großen Augen Kinder noch ins Mysterium blicken! Sie kennen nichts. Keine Bedeutungen, Meinungen, Interpretationen, keine Erwartungen oder Beurteilungen. Ein Kind erlebt alles genau, wie es ist – so lange, bis die Eltern anfangen, es zu bewerten (»Pfui, böse Spinne«). Manche Bewertungen sind allerdings absolut notwendig und von lebenswichtiger Bedeutung – so zum Beispiel, wenn wir Kindern beibringen, keine Straße zu überqueren, ohne vorher nach links und rechts geschaut zu haben.

Wie auch immer, schon mit ungefähr zehn sehen wir die Welt nicht mehr so, wie sie ist. Ein Teil unserer Ausbildung (beziehungsweise eigentlich eher unserer Deprogrammierung) besteht nun in der objektiven Analyse aller Wahrnehmungsfilter, die uns von der Außenwelt trennen. Sobald wir die Schlieren und den

»Schmutz« auf unseren Fenstern zur Welt erkannt haben, können wir anfangen, sie zu »putzen« und die klare, unverbrauchte Wahrnehmung, die Unschuld und Offenheit wiedergewinnen, die ich in dieser Vision meiner Rückkehr in die Kindheit beschrieben habe.

Wie der Krieger zu Reichtum kommt

Seine Antwort warf mich um. »Ich bin nicht arm, Dan. Ich bin unermesslich reich. Tatsache, man muss reich sein, um glücklich zu sein.«
Er lachte über mein dummes Gesicht, griff sich einen Kugelschreiber vom Schreibtisch und schrieb auf ein leeres weißes Blatt Papier:

$$\text{Glück} = \frac{\text{Befriedigung}}{\text{Bedürfnisse}}$$

»Wenn du genug Geld hast, um deine Bedürfnisse zu befriedigen, Dan, dann bist du reich. Allerdings kann man auf zwei verschiedene Arten reich sein: Du kannst Geld verdienen, erben, borgen, zusammenbetteln oder stehlen, um dir kostspielige Bedürfnisse zu befriedigen. Oder du kannst ein einfaches Leben führen, das nur wenig Bedürfnisse kennt. Auf diese Weise hast du immer mehr als genügend Geld. Nur der Krieger«, fuhr er fort, »hat die Disziplin und die Einsicht, um die zweite Möglichkeit zu nutzen. Jeden Moment des Lebens mit voller Aufmerksamkeit zu erleben – das ist mein Bedürfnis und meine Befriedigung. Aufmerksamkeit kostet kein Geld. Deine einzige Investition ist dein Training. (…) Das Geheimnis des Glücks, siehst du, liegt nicht im Streben

nach ›immer mehr‹, sondern in der Fähigkeit, sich an weni-
gem zu freuen.«

Zwischen Bedürfnissen und Wünschen gibt es einen
großen Unterschied. Diese Erkenntnis an sich ist nicht
so radikal. Doch angesichts der tief greifenden Kondi-
tionierung des Egos, Dinge zu kaufen, zu besitzen und
anzuhäufen, ist ihre praktische Umsetzung von erheb-
licher Tragweite. Für viele ist »sich was Neues anschaf-
fen« Ablenkung und Leidenschaft zugleich. Der Erwerb
eines neuen Hauses, eines Autos, eines Elektrogerätes,
schicker neuer Schuhe oder was auch immer – wie auf-
regend! Handelsverkehr ist nicht per se schlecht. In
einer florierenden Wirtschaft kaufen und verkaufen
zahllose Menschen. Problematisch wird es erst, wenn
es zur Sucht wird und man Wünsche mit Bedürfnissen
verwechselt.

Alles, was wir brauchen, ist Essen, Wasser und ein
Dach über dem Kopf. Dies (sowie eine gesunde, saube-
re Umwelt) vorausgesetzt, sind unsere Bedürfnisse erfüllt. Alles andere ist zusätzlich. Viele von uns, die wir
das Glück haben, in einem hoch entwickelten Land zu
leben und es über das reine Existenzminimum hinaus
zu einem gewissen Wohlstand gebracht haben, erfreuen
sich solcher Extras in Hülle und Fülle. Gönnen wir es
ihnen! Gönnen wir es uns allen! Neiden wir anderen
ihre Ruhe und ihre Erholung nicht, weder ihre super-
bequemen Autos noch ihren Swimmingpool. Viel Spaß
damit! Diese Extras sollten wir aber keinesfalls mit dem
Lebensnotwendigen verwechseln.

Einige von uns sind schon mit einem relativ einfachen Leben zufrieden, während andere Millionen besit-

zen und sich immer noch nach »mehr« sehnen – mehr erleben, mehr haben wollen. Einige von uns haben wenig Besitz, dafür aber sind sie reich an liebevollen Freunden und Angehörigen. Wenn wir die Einfachheit kultivieren und die leeren Versprechungen akkumulierter Besitztümer durchschauen, können wir, wie die Sufis sagen, in der Welt sein, aber nicht von der Welt.

Wie wir die Welt sehen, hängt von den Verhältnissen ab. So attraktiv die Idee eines einfachen Lebens für viele von uns auch sein mag, je nachdem, wo wir leben, ob wir verheiratet sind und Kinder haben (denen wir natürlich eine gute Ausbildung ermöglichen wollen), können sich unsere Bedürfnisse und Wünsche mit der Zeit ändern. Dann kommt ein Häuschen, die Hypothek, dazu Gas und Strom, Arztrechnungen, Versicherungen und all die anderen Aspekte eines Lebens in der wirklichen Welt.

Als ich noch jung war und nicht viel brauchte, kam ich mit einen extrem einfachen Leben wunderbar klar. Joy und ich hatten später auch erst kleine Mietwohnungen. Als dann aber unsere Familie größer wurde, veränderte sich unser Lebensstil. Ganz am Anfang saßen wir auf einer alten Couch vom Trödel, lasen Bücher aus der Leihbibliothek und hockten vor einem winzigen Fernseher, der auf einer Apfelsinenkiste stand. Irgendwann wurde die Glotze größer – und thronte im eigenen Fitnessraum. Inzwischen haben unsere Töchter das College abgeschlossen. Und eines Tages werden Joy und ich uns vielleicht wieder verkleinern und abermals einfacher leben. Das gehört alles dazu – zum ewigen Kommen und Gehen, zu den Rhythmen des Lebens in der Gesellschaft, den fließenden Übergängen von Wünschen und Bedürfnissen.

Mit Glück haben Besitztümer und die Wechselfälle des Wohlstands wenig zu tun. Aber sie sind der Stoff, aus dem das Leben ist, und mithin auch ein Aspekt des Pfades des friedvollen Kriegers.

Ich möchte diesen Kommentar über die materiellen Dinge mit der Geschichte eines jungen Zeitungsreporters abschließen, der nach Polen reiste, um dort einen sehr angesehenen Rabbi zu interviewen. Als er zu ihm nach Hause kam, in ein einfaches, nur mit einem schmalen Bett, einem einzigen Bücherregal und einem kleinen Sekretär ausgestattetes Zimmer, konnte sich der Journalist die Frage nicht verkneifen: »Rabbi, wo haben Sie denn Ihre Möbel?«

»Und Sie?«, gab der Rabbi zurück.

»*Meine* Möbel?«, fragte der Journalist irritiert. »Ich bin doch bloß auf der Durchreise …«

»Ich auch«, entgegnete der Rabbi. »Ich auch.«

Zurück in die Gegenwart

»*Das Einzige, was du absolut zweifelsfrei wissen kannst, ist, dass du* hier *bist. Ganz egal, wo immer das Hier sein mag. Von nun an sollst du, wenn deine Aufmerksamkeit abschweifen will in andere Zeiten, an andere Orte, dich selbst zurückholen. Erinnere dich immer wieder: Die Zeit ist* jetzt, *und der Ort ist* hier.«

(…)

»*Hör mal gut zu*«, *sagte er.* »*Bleib du in der Gegenwart. An der Vergangenheit kannst du nichts ändern. Und die Zukunft kommt immer anders, als du es geplant oder erhofft hast. Es gibt weder Vergangenheits- noch Zukunftskrieger. Der Krieger lebt einzig* jetzt *und* hier. *All deine Pläne, deine Sorgen, dein Zorn und deine Schuldgefühle, dein Neid und deine Sehnsucht existieren nur in der Vergangenheit oder in der Zukunft.«*

»Halt, Soc. Ich kann mich gut erinnern, dass ich in der Gegenwart zornig war.«

»Nein«, sagte er. »Du meinst, du hast in einem Augenblick der Gegenwart zornig gehandelt. Das ist ganz natürlich. Handeln geschieht immer in der Gegenwart; denn es ist eine Ausdrucksform unseres Körpers, der nur in der Gegenwart existiert. Die Gedanken aber, weißt du, sind wie Phantome. Sie existieren nie in der Gegenwart. Und sie haben die Macht, unsere Aufmerksamkeit von der Gegenwart abzulenken.«

(…)

»Richte deine ganze Aufmerksamkeit auf den Jetzt-Moment. So kannst du frei bleiben von müßigen Gedanken. Wenn deine Gedanken mit dieser reinen Gegenwart zusammenstoßen, lösen sie sich auf in Nichts.«

Sollte es im *Pfad des friedvollen Kriegers* so etwas wie eine Hauptlehre geben, eine Art roten Faden, dann wäre es die vom gegenwärtigen Moment, vom Augenblick der Wirklichkeit. Das erinnert mich an einen Schüler von der Highschool, der mir einmal sagte, einen Workshop könne er bei mir nicht besuchen. Aber ob ich denn nicht kurz einen guten Rat für ihn hätte. Ich antwortete ihm damals: *»Hier und jetzt, atmen und entspannen.«* Falls der junge Mann die Prinzipien, die sich hinter diesen sechs Worten verbergen, beherzigt und praktiziert, sie zum Mittelpunkt seines Lebens gemacht hat, brauchte er darüber hinaus nicht mehr viel zu lernen.

In diesem Moment gibt es nur eines, was wir tun, nur einen Ort, an dem wir uns aufhalten.

Natürlich können wir uns an Vergangenes erinnern oder den nächsten Tag planen. Besser wäre es aber, nicht allzu sehr an diesen Plänen festzuhalten. Da kann sich so allerlei ändern. Man sagt ja nicht ohne Grund: »Wenn du Gott zum Lachen bringen willst, brauchst du ihm nur von deinen Plänen zu berichten.«

Unsere Unzufriedenheit und Enttäuschungen ergeben sich größtenteils aus Gedanken an Vergangenheit oder Zukunft. Beide können uns niederringen (etwa, wenn wir schon vor Morgengrauen aus dem Schlaf aufschrecken und uns mit Traumata plagen, die schon Jahre zurückliegen, oder mit all den Dingen, die wir den Tag über erledigen müssen). Mit dem aber, was in diesem Moment unmittelbar vor uns liegt, werden wir allemal fertig. Steuern können wir nur das, was wir im gegenwärtigen Moment tun. Aus der Qualität dieser Momente aber ergibt sich unsere ganze Lebensqualität.

Das Leben bringt viele Verpflichtungen mit sich. Ganz einfach wird es, wenn wir uns vor Augen führen, dass wir *immer nur eins nach dem anderen erledigen* können. Halten wir uns daran, und alles wird gut.

Eine kleine Berufsberatung

Ungehemmt durch Spannungen oder Ängste, strömten die Ideen mir nur so aus dem Kopf. Dann war's vorbei, und mir wurde allmählich bewusst, dass ich meine Universitätsausbildung abgeschlossen hatte.

Ich brachte frischen Apfelsaft mit zur Tankstelle, um mit Socrates den Prüfungstag zu feiern. Wie wir so ruhig saßen und unseren Saft schlürften, wanderten meine Gedanken wieder mal davon – in die Zukunft.

»Wo bist du?«, fragte Socrates. »Wie spät ist es?«

»Hier, Soc, hier bin ich – jetzt. Aber meine gegenwärtige Realität ist, dass ich einen Beruf brauche. Weißt du keinen Rat?«

»Mein Rat ist, tu, was du willst.«

»Na, das ist nicht besonders hilfreich. Fällt dir sonst etwas ein?«

»Ja, tu, was du musst.«

»Aber was?«

»Entscheidend ist nicht, was *du machst, sondern nur,* wie gut *du es machst.«*

Über diesen letzten Satz von Soc habe ich mir lange den Kopf zerbrochen. Er hörte sich für mich an wie: »Wen du heiratest, ist völlig wurst, Hauptsache, die Ehe funktioniert.« Da aber jeder von uns seine eigenen Wertvorstellungen, seine individuellen Talente und Interessen hat, spielt es (jedenfalls im konventionellen Sinn) letzten Endes wohl doch eine Rolle, welchen Beruf (oder Partner) wir wählen. Diese zwei Entscheidungen können die wichtigsten unseres ganzen Lebens sein. Beide sind es deshalb wert, mit dem Herzen getroffen zu werden.

Was Socrates aber, glaube ich, hervorheben wollte, war, dass das Wichtigste nicht sei, wie besessen nach dem richtigen Job oder Partner zu fahnden. Man solle seine Wahl treffen und dann konsequent sein Bestes geben.

Von einem kosmischen Standpunkt aus betrachtet (wie ihn Socrates eigentlich immer einnahm), sind nur die wenigsten Dinge so ernst, wie wir meinen. Also:

Wofür auch immer wir uns entscheiden, es ist okay, denn es ist Teil unserer Ausbildung zum friedvollen Krieger im Dojo des Alltags.

Eine gewisse Phase der Selbsterkundung und des Experimentierens tut den meisten von uns (besonders im zweiten und dritten Lebensjahrzehnt) trotzdem gut. Sie hilft, den Beruf zu finden und später auszuüben, der unseren Talenten und Interessen am besten entspricht – eine Arbeit, die wichtig für uns ist und uns ausfüllt.

Nicht immer ging es um Erfüllung. Mein Vater beispielsweise wuchs während der großen Wirtschaftskrise Ende der Zwanzigerjahre des letzten Jahrhunderts auf, als die Männer weit, weit reisten, um überhaupt irgendeine Arbeit zu finden, mit der sie ihre Familien über Wasser halten konnten. Ob diese Jobs ihnen außer einem bisschen Geld sonst noch etwas brachten, spielte nicht die geringste Rolle. Heute ist die Suche nach einer sinnstiftenden Arbeit insofern lohnenswert, als sie Selbstbeobachtung und Selbsterkenntnis voraussetzt und uns zwingt, uns mit unseren Zweifeln auseinanderzusetzen und herauszufinden, was wir alles auf uns nehmen würden, um unser Ziel zu erreichen.

Letztlich läuft jedoch trotzdem alles auf die Qualität hinaus, darauf, seine Arbeit gut zu machen. Vor vielen Jahren wartete ich mal auf einen Zug nach Kyoto und beobachtete dabei einen kleinen Mann mittleren Alters, der einen von Hunderten blitzender Metallpfähle polierte, auf denen ein Geländer ruhte, das weit den Bahnsteig herunterging. Für jeden der Pfosten nahm er sich fast eine Minute Zeit. Dieser Mann wirkte auf mich wie ein Zen-Meister, ein Mensch, der begriffen hatte, dass es weniger darauf ankommt, was wir tun, als darauf, wie gut wir es tun. Genau darin finden wir dann auch die Befriedigung, nach der wir suchen.

Socrates fand Sinn und Befriedigung darin, als Tankwart so gut wie irgend möglich zu sein. Seit ich ihm begegnet bin, versuche ich immer, seinem Beispiel zu folgen, welche Arbeit oder welchen Dienst ich auch jeweils verrichtete.

Über das dritte Buch

Glücklich ohne Grund

Je älter man wird,
desto mehr wird einem klar,
dass Freundlichkeit
gleichbedeutend ist mit Glück.

Lionel Barrymore

Zu Kapitel sieben:

Die letzte Suche

Auf der Suche nach dem,
was wir brauchen,
bereisen wir die ganze Welt.
Wieder zu Hause angekommen,
findet es sich dann.

George Moore

Stärken und Schwächen

»Ganz egal, wie stark wir zu sein scheinen, gibt es immer eine
geheime Schwäche in uns, die leicht unser Ende bewirken
kann. Die Geschäftsregeln sagen: Für jede Stärke gibt es eine
entsprechende Schwäche – und umgekehrt.«

Wir alle haben unsere Stärken und Schwächen, Fehler
und Vorzüge. Socrates' Schwachpunkt war, wie er mir
erklärte, ein Herzfehler. Für mich war das schwer zu
verkraften. (Wie sehr wir doch dazu neigen, Stärke und
Perfektion in die Menschen hineinzuprojizieren, die wir
bewundern. Wir stellen sie auf ein hohes Podest. Sind

dann aber auch schnell bereit, sie wieder herunterzustürzen, sobald wir die geringste Unvollkommenheit an ihnen entdecken.)

Doch selbst die anerkanntesten spirituellen Meister haben einen menschlichen Körper, ein Karma, ihre Launen, Schwächen und kleinen Makel. Jeder von uns hat den Weisen und den Narren in sich, die nur darauf warten, die Bühne zu betreten. Bei Menschen mit den größten Begabungen und Stärken sind meiner Erfahrung nach die Schwächen oft genauso stark ausgeprägt. Umgekehrt gilt: Gerade Leute mit Gebrechen oder speziellen Problemen entwickeln häufig enorme Stärken und bewundernswerte Qualitäten, um sie zu kompensieren.

Eine Zeit lang mögen unsere größten Stärken und ärgsten Schwächen verborgen bleiben – so lange, bis sie durch ein Unglück oder eine außergewöhnliche Beanspruchung zum Vorschein gebracht werden. Bei mir förderte Socrates beides zutage, sowohl meine Anfälligkeiten als auch meine bedeutendsten Ressourcen. Lehrer oder Führer erfüllen diese Funktion sehr oft. Nötig ist es nicht unbedingt, denn früher oder später mobilisiert der Alltag beim Erklimmen des hügeligen Pfades sowieso die ganze Liebe und all den Mut, die in uns stecken.

Mut und Liebe

»Du hast dein Herz noch nicht für die Welt geöffnet, du lässt deine Gefühle noch nicht leben. (...) Unser Ziel ist nicht Unverletzlichkeit, sondern Verletzlichkeit: Offenheit für die Welt, für das Leben. (...) Es hat einzig mit Liebe zu tun.«

»Socrates, erzähle mir mehr über die Liebe. Ich möchte es gern verstehen.«
»Es gibt nichts zu verstehen. Man muss sie fühlen.«

Einen Krieger stellen wir uns üblicherweise mit Schild und Brustpanzer gegen die Steinschleudern und Giftpfeilen der Welt gewappnet vor. Für uns aber, die wir nach einem friedvollen Herzen und einem kriegerischen Geist streben, dreht es sich im Leben nicht darum, Zuflucht hinter einem Brustpanzer zu suchen und sich gegen selbst kleinste Provokationen zu verteidigen. Der Weg des friedvollen Kriegers ist eher die Aufforderung, sich zu öffnen, transparent und verwundbar zu werden wie ein kleines Kind. Das ist möglicherweise eine unserer größten Stärken überhaupt. Wie Morihei Ueshiba, der Begründer der Kampfkunst Aikido, einmal sagte: »Aikido ist unbesiegbar, weil es keinen Wettstreit kennt.«

Das Biegsame setzt sich gegen das Starre durch, wie die Taoisten immer wieder betonen. Der Weise gibt sich der Kraft hin wie ein junges Bäumchen und nimmt Kritik an, bevor er das Wort ergreift: »Ja, das ist ein wichtiger Punkt. Man kann es aber auch so sehen …« Wenn wir immer weich, offen, berechenbar und verletzlich bleiben – im einen Moment nachgeben, im nächsten unser Terrain behaupten –, gibt es kaum etwas, das wir nicht erreichen können.

Damit kommen wir zu Socrates' Bemerkung, dass wir Liebe nicht verstehen, sondern nur empfinden und leben können. Ich hatte mich immer bemüht, die Liebe zu verstehen, doch das war so, als versuche man, die Quadratwurzel eines Sonetts zu ziehen. Selbst heute noch ist die Liebe ein Mysterium für mich. Eines aber habe ich inzwischen kapiert: Die Liebe, die wirklich zählt, besteht nicht aus Gefühl allein, sondern auch aus Handeln. Mir ist bewusst, dass ich keine Kontrolle darüber habe, ob ich im Moment Liebe (beziehungsweise Dankbarkeit oder auch Freundlichkeit) *empfinde*. Was ich aber tun kann, ist: mich liebevoll und freundlich verhalten.

Liebe zu geben hat also nichts damit zu tun, dass man wartet, bis sich die richtige Stimmung oder Gefühlslage einstellt, sondern ist ein bewusster, umfassender Akt der Großzügigkeit, den zu vollbringen wir ganz nach Belieben beschließen können.

Voller Leidenschaft leben, ein Vorbild sein

»Besser man lebt – bevor man stirbt. Ich bin ein Krieger, mein Weg ist das Tun!«, sagte er. »Ich bin ein Lehrer, ich lehre durch das eigene Beispiel. Eines Tages wirst du vielleicht anderen beibringen, was ich dich gelehrt habe. Dann wirst du sehen, dass Worte nicht genügen; du wirst auch durch dein Beispiel lehren müssen. Und du kannst nur das lehren, was du selbst erfahren hast.«

Socrates' Bemerkung »Besser man lebt, bevor man stirbt« scheint sich von selbst zu verstehen, schließlich bleibt uns ja keine andere Wahl. Soc meinte damit aber nicht, einfach nur so lange zu existieren, bis man den letzten Schnaufer tut. Vielmehr sprach er von einem erfüllten Leben voller Aufmerksamkeit und Gefühl, so gelebt, als könnte jeder Augenblick – jede Berührung, jeder Bissen, jeder Sonnenuntergang – der letzte sein.

Dann wechselte er das Thema und kam auf das Lehren durch das eigene Beispiel zu sprechen: Wir alle lehren nicht nur durch das, was wir sagen, sondern vor allem durch das, was wir sind. Genau wie sein altgriechischer Namensvetter wusste auch mein Socrates seine Worte mit Umsicht und Respekt zu setzen. Den größten Einfluss auf mich hatte er aber durch den Mut und die Leidenschaft seiner Lebensführung – wie er sich bewegte, sprach und handelte.

Sein Beispiel diente mir als Vorbild, dem ich nacheiferte und das mir zeigte, dass es möglich ist, höhere Wege als den einzuschlagen, dem ich bis dato gefolgt war.

Heute ist mir vollkommen klar, dass alles, was ich in meinen Büchern, Vorlesungen, Seminaren und Workshops von mir gebe, bei Weitem nicht so viel zählt wie mein alltägliches Verhalten anderen Menschen gegenüber. Auf der gemeinsamen Reise den gewundenen Pfad der persönlichen Entwicklung empor gilt das für uns alle.

Die größten Kräfte

»Ich hatte gehofft, du würdest an der Faszination dieser Kräfte unbehelligt vorbeikommen. Aber jetzt, wo du die Frage aufgeworfen hast, müssen wir wohl darüber sprechen. Gut, was möchtest du wissen?«

»Fangen wir zum Beispiel mit dem Wahrsagen an. Manchmal habe ich den Eindruck, du könntest es.«

»Vorhersagen über die Zukunft beruhen nur auf einer realistischen Erkenntnis der Gegenwart. Kümmere dich lieber nicht

um die Zukunft, solange du deine Gegenwart nicht klar und deutlich erkennst.

(…)

Es gibt tatsächlich besondere Kräfte. Aber für einen Krieger sind solche Dinge absolut nebensächlich. Lass dich nicht irreführen. Die einzige Kraft, die wirklich zählt, ist das Glücklichsein. Und du *kannst das Glück nicht erreichen – es erreicht vielmehr dich. Allerdings erst, nachdem du alles andere hingegeben hast.«*

Besondere Kräfte (wie etwa die Fähigkeit, über dem Boden zu schweben, außersinnliche Wahrnehmung oder außerkörperliche Erlebnisse), die einen aus der Masse der Normalsterblichen hervorheben, faszinieren viele, die zu magischem Denken neigen. Solche Fähigkeiten, so hören wir, erwachsen aus asketischen Übungen und Reinigung beziehungsweise beruhen auf Geheimlehren und ganz speziellen Techniken. Und wenn wir uns nur genug konzentrieren und meditieren, besondere Atemtechniken anwenden oder irgendwelche abgedrehten Yogi-Stellungen einnehmen würden, könnten wir uns diese besonderen Kräfte ebenfalls zu eigen machen. Doch selbst wenn dem so wäre: Würden uns diese besonderen Kräfte auf Dauer glücklich machen?

Außergewöhnliche Fähigkeiten haben einen gewissen Reiz, das muss ich schon zugeben. Nachdem ich als Junge zum ersten Mal *Peter Pan* gesehen hatte, gab es für mich nichts, was ich mir mehr gewünscht hätte, als zu fliegen und mich in die Lüfte zu erheben. Hätte ich doch bloß ein bisschen von diesem Feenstaub auftreiben, genügend glückliche Gedanken hervorbringen können – so aber musste ich mich damit begnügen, ein

Ass auf dem Trampolin zu werden und herauszufinden, dass alles, was hoch steigt, auch wieder runterkommt.

Kein Zweifel, wir können unsere Instinkte und intuitiven Fähigkeiten verfeinern und schärfen; mit gesundheitsfördernden Übungen können wir unsere Vitalität steigern und den Körper verjüngen, ihn gelenkiger und entspannter machen. Wenn wir mit dem göttlichen Geist kommunizieren, von dem unsere Welt durchdrungen ist, erleben wir mit Sicherheit auch häufiger Momente voller Durchblick, geistiger Klarheit und Frieden. Seine »Hausaufgaben« zu machen zahlt sich also tatsächlich aus. Aber nicht, weil man dabei neue Dimensionen erkundet, sondern weil es den Blick verändert.

Nachdem Socrates das Thema besondere Kräfte mit Geringschätzung abgetan hatte, wandte er sich wieder dem Glücklichsein zu. Für ihn war es ein Phänomen wie der Topf, der niemals überkocht, wenn man ihn beobachtet. Thoreau hat einmal geschrieben: »Das Glück ist wie ein Schmetterling: Je mehr du ihm nachjagst, desto mehr entzieht er sich. Doch wenn du deine Aufmerksamkeit auf etwas anderes richtest, kommt er angeflogen und nimmt auf deiner Schulter Platz.«

Am besten lässt sich Socs Zugang zum Glücklichsein vielleicht in den Worten George Bernard Shaws wiedergeben: »Kümmere dich nicht um Vorlieben und Abneigungen, die sind von keinerlei Konsequenz. Tu einfach, was getan werden muss. Das ist dann zwar nicht unbedingt das Glück, aber immerhin Größe.«

Auch in diesem Zitat kommt das Kernstück des Pfades des friedvollen Kriegers zum Ausdruck.

Der Weg bringt den Krieger hervor

»Ein Krieger ist nichts, was man wird. Ein Krieger ist man in jedem Moment, oder man ist es nicht. Der Weg selbst bringt den Krieger hervor.«

Der uruguayische Romancier Juan Carlos Onetti sagte einmal: »Ich bin kein Schriftsteller, es sei denn, ich schreibe.« Das gilt für alles, was wir tun. Auf dem Golfplatz ist der Arzt Golfspieler und kein Mediziner (es sei denn, er wurde als solcher gerufen). Wir sind immer genau das, was wir im Moment tun.

Man kann sich also nicht vornehmen, irgendwann einmal ein friedvoller Krieger zu werden. Es gibt keine Diplomprüfung, die man ablegen könnte. Entweder verhalten wir uns im gegenwärtigen Augenblick wie ein Krieger, oder wir tun es nicht. In meinen Handlungen spiegelt sich manchmal der Geist des Kriegers wider und manchmal nicht. Wenn wir uns überhaupt durch irgendetwas von anderen Menschen unterscheiden, dann dadurch, dass bei uns solche Momente häufiger auftreten.

Das Leben bildet heraus, was es verlangt; der Weg bringt den Krieger hervor. Das tägliche Leben ist eine Art spirituelles Gewichtheben für den Geist. Wenn die Straße also holprig wird, lasst uns die Ärmel hochkrempeln und daran denken, dass die Schwierigkeiten, denen wir begegnen, unser Training sind und dass wir – als friedvolle Krieger in der Ausbildung – beschließen können, uns ihnen zu stellen.

Das Glück – jetzt!

»Denke an die verfließenden Jahre. Eines Tages wirst du erkennen, dass der Tod nicht das ist, was du dir vorgestellt hast – aber auch das Leben nicht. Beide können wunderbar sein, voll Veränderung. Aber beide können auch, ehe du dich versiehst, eine große Enttäuschung sein.

(...)

Wach auf! Wenn du mit aller Gewissheit wüsstest, dass dir nur noch eine kurze Frist bleibt, um dein Leben zu erkennen und herauszufinden, wer du bist, dann würdest du nicht deine Zeit vertrödeln mit Trägheit oder Verzagtheit, mit Müßiggang oder Ehrgeiz. Ich sage dir, Dan, du hast eine unheilbare Krankheit. Ihr Name ist – Tod. Die kurze Frist, ob du ein paar Jahre früher oder später hinweggespült wirst, macht keinen Unterschied. Sei jetzt glücklich, grundlos glücklich – oder du wirst es niemals sein!«

Von allen Lehren Socrates' wurde sein Ratschlag, *»jetzt grundlos glücklich zu sein«*, wahrscheinlich am wenigsten verstanden. Denn tief im Inneren ist die motivierende Kraft, die hinter all unserem Suchen auf materiellem, psychologischem und spirituellem Gebiet steht, doch meistens das ganz natürliche menschliche Streben, sich *häufiger gut* und *seltener schlecht zu fühlen*. Auf diesem Niveau übersetzt das Denken *»beglückt sein«* automatisch mit *»Glück empfinden«*.

Hätte Socrates jedoch *»Glück empfinden«* gemeint, hätte er das Unmögliche empfohlen. Könnten wir nämlich Glück empfinden, indem wir uns *zwingen*, glücklich zu sein, würden wir es einfach ständig tun, und das wär's dann. Dann brauchten wir uns bloß in den Zustand des

Glücksempfindens hineinsteigern und könnten seelenruhig dem Sonnenuntergang entgegenschlendern.

Aber wie schon gesagt, Gefühle ändern sich ständig und sind nicht dem Willen unterworfen. In manchen Momenten gelingt es uns vielleicht, an etwas Schönes zu denken und dabei fast ein bisschen schwindelig zu werden vor Glück, aber dieser Taumel ist schnell wieder vorbei. Und wenn wir niedergeschlagen sind, weil wir den Arbeitsplatz verlieren oder Insolvenz anmelden müssen oder weil uns der Partner verlässt, hilft es wenig, wenn man versucht, Glücksgefühle zu erzwingen.

Damit müsste klar sein, dass Socrates beglücktes Handeln empfahl, denn das können wir steuern. Wir können den Willen aufbringen zu lächeln; wir können uns so verhalten, so bewegen und so atmen, als wären wir glücklich. Was immer wir gerade empfinden, wir können unsere Gefühle sein lassen, wie sie sind, einfach weiterleben, Energien mit der Welt austauschen und aus dem gegebenen Moment das Beste machen. Ein solches Verhalten ist mitunter äußerst schwierig, möglich aber immer. Mir hat es Socrates so empfohlen, ich gebe es weiter – und versuche auch, mich so gut ich kann daran zu halten, von Augenblick zu Augenblick.

Aber ist es nicht eigentlich Vorspiegelung falscher Tatsachen, wenn man beglückt handelt, obwohl man gar kein Glück empfindet? Ja, schon – genau wie der verängstigte Soldat *so tut, als* wäre er mutig, wenn er seinen Kameraden durch den Kugelhagel trägt, genau so, wie das schüchterne junge Mädchen die Tanzfläche überquert, um einen jungen Mann aufzufordern, und dabei so tut, als stecke es voller Selbstvertrauen.

Mir ist es völlig egal, ob jemand Mut, Energie oder Selbstvertrauen hat, ob er Dankbarkeit, Mitgefühl,

Freundlichkeit oder Liebe empfindet. Worauf es mir ankommt, ist, wie er sich verhält. Deshalb empfahl Socrates, *ohne Grund* glücklich zu sein. Und ich kann mich ihm nur anschließen.

Was ist Erleuchtung?

»Erleuchtung ist kein Ziel, das man anstreben könnte. Erleuchtung ist eine Erkenntnis. Wenn du endlich erwachst, wird sich alles verändert haben – und nichts wird sich verändert haben. Wenn ein Blinder merkt, dass er sehen kann – hat sich die Welt dann verändert?«
(...)
Zuerst sind die Berge Berge, und die Flüsse sind Flüsse. Dann sind die Berge nicht mehr Berge, und die Flüsse sind nicht mehr Flüsse. Zuletzt sind die Berge Berge, und die Flüsse sind Flüsse.

Viele von uns haben schon von einer plötzlichen, dramatischen Erleuchtung gehört oder gelesen, die so ist, als würde unversehens das Licht angeknipst. Ich verstehe unter Erleuchtung eher einen Dimmer, der betätigt wird – mal heller gestellt und mal wieder etwas dunkler, zwei Schritte vorwärts, einen zurück. Und so dringt allmählich immer mehr Licht in unser Herz und in unsere Gedanken.

Auch nach der Erleuchtung müssen wir noch den Müll rausbringen und die Wäsche waschen. Der spirituelle Lehrer Ram Dass hat einmal gesagt: »Wir können in der kosmischen Seligkeit dahintreiben, unsere Postleitzahl müssen wir uns trotzdem noch merken.« Die Parade der Gefühle, Gedanken und Beziehungen geht weiter, allerdings mit einer anderen Sicht auf die Welt, und das ist der Unterschied.

Als ich einmal versuchte, Socrates auf eine Definition von Erleuchtung festzunageln, sagte er sinngemäß: »Hier ist eine: Stell dir ein ständiges Umschalten zwischen den höchsten Höhen der Glückseligkeit und den tiefsten Tiefen des Kummers vor, und das in Lichtgeschwindigkeit.« Damit ging er. Und ich konnte es nicht sehen, weil er mir den Rücken zugewandt hatte, hätte aber schwören können, dass ein Lächeln seine Lippen umspielte.

In den Momenten der Erleuchtung verschwinden unsere Probleme zwar nicht, aber unser Verhältnis zu ihnen verändert sich; dann überschatten sie nicht mehr das ganze Leben, sondern werden zu völlig normalen Herausforderungen, wie ein Baum, der auf dem Weg liegt. Wir treten über ihn hinweg, atmen tief durch, schnuppern dabei die Luft und werden gewahr, wie hübsch das Sonnenlicht auf den Blättern schimmert. Unsere Aufmerksamkeit hat sich emporgeschwungen, um dort, wo wir zuvor nur die Inhalte unseres Kopfes umherwirbeln sahen, Schönheit zu erkennen. Jetzt können wir uns über kleine Akte der Freundlichkeit freuen und das Beste aus diesem Leben, dieser Welt machen, egal, wie die Umstände gerade sind. Der Blick richtet sich auf das größere Bild, wir haben den Kopf in den Wolken und die Füße fest auf dem Boden. Vielleicht gibt es nicht mehr als diesen Augenblick. Das ist aber auch genug.

Der letzte Schlüssel am Ring

All die Zeit schien vergeudet. Acht verlorene Jahre. Ich saß auf der Treppe und starrte in die Ferne. Auf einmal sammelte sich meine Aufmerksamkeit, und die Berge gewannen ein schwaches Leuchten. Plötzlich wusste ich, was ich zu tun hatte.

Im Englischen gibt es das Sprichwort: »Manchmal lässt sich das Schloss erst mit dem letzten Schlüssel am Ring öffnen.« Während meiner langen Suche musste ich es mir oft wieder in Erinnerung rufen. Socrates verstand das Paradox: Ich musste lange suchen, um schließlich zu entdecken, dass ich es schon die ganze Zeit in mir hatte – musste alle Alternativen ausloten, bevor ich schließlich das Offensichtliche erkennen konnte. Wenn wir auf der Reise einen großen Kreis beschreiben, nur um wieder am Ausgangspunkt anzukommen, kehren wir zwar an denselben Ort zurück, allerdings mit dem Unterschied, dass wir auf unserer Reise über den Rand des Kreises hinausgeblickt haben.

Einen Vorteil haben emotionale Tiefpunkte: Von da an kann es nur noch bergauf gehen. Manchmal müssen wir eben im Dunkeln tappen, bevor wir ans Licht kommen. So saß ich da also auf der Treppe, hatte das Gefühl, nirgends hin und nichts tun zu können, und schaute nur in die Berge. Dann plötzlich klärte sich die Sicht, und ich wusste Bescheid. Es fühlte sich ganz so an, als wären alle meine Reisen nur eine Vorbereitung auf genau diesen Moment gewesen.

Viele von uns gehen bestimmt manchmal voller Sorgen ins Bett, verunsichert und desorientiert. Dann geben wir auf, schlafen ein oder beten. Am nächsten Morgen dämmert ein neuer Tag, voller neuer Chancen, und dann wissen wir plötzlich, was wir zu tun haben. Es mag kein leichter Weg sein, aber wir haben ihn deutlich vor Augen.

In dem Landkreis, in dem ich wohne, führt eine größere Autobahn von Norden nach Süden. Sie ist ziemlich hügelig. Solange ich die nächste Anhöhe noch vor mir habe, kann ich nie erkennen, was dahinter liegt – dann aber ist mit einem Mal alles sonnenklar. So ähnlich ist es auch mit dem Leben. Wenn die Gipfel der Berge noch im Dunst liegen, ist die Zeit noch nicht gekommen, eine Entscheidung zu treffen, dann haben wir den Gipfel noch nicht erreicht. Dann heißt es Geduld bewahren und abwarten, bis sich die Sicht klärt. Und dazu wird es mit Sicherheit irgendwann kommen.

Entscheidungen werden klarer, wenn wir warten, bis sie getroffen werden müssen – wenn wir den Gipfel erreicht haben, wenn die Zeit zum Handeln gekommen ist. Anderenfalls ist es, als wollten wir entscheiden, welchen Fuß wir zuerst auf die Straße setzen, obwohl noch ein paar hundert Meter Bürgersteig vor uns liegen.

Ich musste einmal um die ganze Welt reisen, bevor ich nach Hause zurückkehren und meinen nächsten Schritt vor mir sehen konnte – auf mich warteten die Berge und mit ihnen Tod und Wiedergeburt.

Zu Kapitel acht:

Die Pforte öffnet sich

Wartet nicht auf Belehrungen durch andere,
nicht auf die Worte der Schriften,
die Gesetze der Erleuchtung.
Wir werden am Morgen geboren
und sterben am Abend;
der, den wir gestern noch sahen,
ist heute nicht mehr unter uns.

Bodhin Kjolhede

Alles verlieren, alles gewinnen

»Ich habe dir nichts mitzubringen, Socrates. Ich irre noch im-
mer umher. (…) Ich habe dich enttäuscht, und das Leben hat
mich enttäuscht. Das Leben hat mir das Herz gebrochen.«
»Sehr gut!«, jubelte er. »Dein Herz ist endlich aufgebrochen.
Erst jetzt erkennst du die leuchtende Pforte in deinem Herzen.
Es ist der einzige Ort, wo du nicht gesucht hast. Mach die Au-
gen auf, du bist beinah angekommen!«

Manchmal müssen wir hinfallen, um wieder aufstehen zu können – kapitulieren, um zu triumphieren, loslassen, um weiterzumachen, und zerbrechen, um endlich heil werden zu können.

In Geborgenheit und Bequemlichkeit besteht weder Anreiz noch Veranlassung zur Veränderung. Das erklärt das alte Sprichwort: »Gott tröstet die Verstörten und verstört die Bequemen.« Aber auch den Spruch »Wenn wir in unseren Grundfesten erschüttert sind, wenden wir uns an Gott – nur um zu entdecken, dass er es war, der sie erschüttert hat.« Wenn uns das Leben aber so richtig durchschüttelt und wir große Verluste zu beklagen haben, lernen wir Vertrauen und Standhaftigkeit.

Das ganze Leben kann sich verändern, wenn wir in eine Sackgasse geraten, denn dann sind wir gezwungen, tiefer gehende Fragen aufzuwerfen und nach höheren Wahrheiten zu suchen. Als ich also, einem zwingenden Impuls folgend, in die Berge ging und gar nicht wusste, warum eigentlich, wartete Socrates schon auf mich. Und die neue Sackgasse, die ich befürchtet hatte, stellte sich in der Tat als Neuanfang heraus – genau die Wiedergeburt, nach der ich die ganzen Jahre über auf der Suche war.

Glücklichsein als Weg

»Du hast mir die Vergeblichkeit meiner Suche gezeigt, Socrates. Aber was ist der Weg des friedvollen Kriegers? Ist dieser Weg nicht auch – eine Suche?«
»(…) Was ich dir zeigen wollte, ist nicht der Weg zum fried-

vollen Krieger, sondern der Weg des friedvollen Kriegers.
Solange du diesen Weg beschreitest, bist du ein Krieger. Die
letzten acht Jahre hast du freiwillig auf dein Kriegertum ver-
zichtet, um woanders zu suchen. Aber der Weg ist hier und
jetzt – ist es immer gewesen!«
»Was soll ich jetzt anfangen? Wohin führt mein Weg von
hier?«
»Wen kümmert's? Die Narren meinen glücklich zu sein, wenn
ihre Wünsche befriedigt sind. Ein Krieger ist glücklich – ohne
Grund. Darum ist Glücklichsein die oberste Disziplin, höher
als alle anderen, die ich dich lehrte.«

Diesem Abschnitt ist nichts hinzuzufügen – daher er-
spare ich mir auch jeden Kommentar. Ich bringe ihn
hier nur, um die Bedeutung dieser Lehre Socrates', die
ich für eine der wichtigsten halte, noch einmal besonders zu betonen.

Das Höhlengleichnis

Bald knisterte ein helles Feuer, das unsere Schatten in wildem
Tanz gegen die Felsmauern der Höhle warf.
»Diese Schatten«, erklärte Socrates, die Hand ausgestreckt,
»sind ein wichtiges Gleichnis für Illusion und Wirklichkeit
unseres Lebens, für Glück und Leid. Lass dir eine alte Legende
erzählen, die Plato uns überliefert hat:
Es war einmal ein Volk von Menschen, die verbrachten ihr
ganzes Leben in einer Höhle der Illusionen. Nach vielen
Generationen glaubten alle daran, dass ihre eigenen, an die
Höhlenwände geworfenen Schatten das Wesen der Wirk-

lichkeit wären. Nur die Sagen des Volkes und seine religiö-
sen Überlieferungen berichteten von einer anderen, helleren
Möglichkeit. Fasziniert vom Spiel der Schatten, gewöhnten
sie sich an ihre dunkle Wirklichkeit und blieben in ihr ge-
fangen.
Und doch gab es immer wieder Menschen, glückliche Aus-
nahmen, die dem Schicksal dieser Gefangenen in der Höhle
zu entrinnen wussten. Sie begannen zu zweifeln und wur-
den des Schattenspiels überdrüssig. Schatten konnten sie
nicht mehr ausfüllen, ganz gleich, wie hoch sie sein mochten.
Diese Menschen begaben sich auf die Suche nach dem Licht.
Einige Glückliche fanden Lehrer, die sie vorbereiteten und
aus dem Reich der Illusionen emporführten – ans Licht der
Sonne.«

Es gibt keine bessere Metapher für Erleuchtung als das
Höhlengleichnis. Dem traumartigen Schattenspiel de-
rer, die noch schlummern, stellt es die sonnendurchflu-
tete, farbige Welt gegenüber, die uns erwartet, sobald
wir die Höhle verlassen und in das Licht einer neuen
Wirklichkeit treten.

Es war typisch mein Mentor, dieses Geschenk an mich
weiterzugeben, das Plato (jener Schriftgelehrte, der auch
Leben und Werk des alten Sokrates bekannt machte)
der Menschheit hinterlassen hatte. Platos Höhlengleichnis öffnet seit Jahrhunderten einer Generation nach der
anderen die Augen, auf dass wir erkennen können, dass
unser Leben ein Schattenspiel bleibt – und weitersuchen
nach dem Licht, das uns den Heimweg weist.

Wiedergeburt

Jener Dan Millman, der irgendwann vor langer Zeit gelebt hatte, war endgültig vergangen – ein aufblitzendes Pünktchen in der Zeit –, aber ich *blieb unverändert durch alle Epochen. Ich war Ich Selbst geworden, reine Bewusstheit, die alles beobachtete, die mit Allem eins war. Meine einzelnen Teile, die sich in den Kreis der Schöpfung aufgelöst hatten, würden unendlich weiterexistieren – immer im Wandel begriffen, immer neu.*

Ich erkannte, dass der grausige Schnitter Tod, den Dan Millman so sehr gefürchtet hatte, nur eine Illusion gewesen war. Und auch sein Leben war eine Illusion gewesen, ein Problemchen, der heitere Zwischenfall einer Sekunde, als das BEWUSSTSEIN sich selbst vergaß.

Zu seinen Lebzeiten war Dan nicht durch die Pforte getreten. Niemals hatte er sein wahres Wesen erkannt. Er hatte in Sterblichkeit und in Furcht gelebt – allein.

Aber ich *wusste jetzt. (…)*

Ich lag auf dem Boden der Höhle und lächelte versonnen. Ich setzte mich auf, wischte mir über die Augen und starrte ins Dunkel, verwirrt, aber ohne Furcht.

Als mein Blick sich an die Dunkelheit gewöhnt hatte, erkannte ich einen weißhaarigen Mann, der lächelnd neben mir saß. Dann kam, aus tausend Jahren Entfernung, die Erinnerung wieder. Einen Moment lang war ich betrübt über die Rückkehr in meine sterbliche Form. Dann aber wurde mir klar, dass es keinen Unterschied machte. Wahrscheinlich machte nichts mehr einen Unterschied!

Das fand ich spaßig. Überhaupt – ich fand alles spaßig. Ich musste lachen.

Diese Worte fand ich nach einer Vision von Ego-Sterben und Wiedergeburt. Es ging mir wie Menschen, die klinisch tot waren und ins Leben zurückgeholt wurden. Ich hatte die illusorische Natur jenes Dan Millman begriffen, an den ich mich die ganzen Jahre so geklammert hatte. Seither nehme ich diesen »Dan« nicht mehr ganz so ernst und fühle mich auch nicht länger bemüßigt, sein Selbstbild auf Gedeih und Verderb zu verteidigen.

Endlich hatte ich *erkannt,* dass das Bewusstsein, »Ich« zu sein, zwar einen Körpergeist namens Dan mit Leben erfüllt, dass das wahre »Ich« (Ich Bin) aber grenzenlos ist. In dieser Erkenntnis fand ich Unsterblichkeit, selbst als mir klar wurde, dass jener »Dan Millman« mit einem Fingerschnippen der Ewigkeit erlöschen würde.

In der Alltagswelt ist diese transzendente Vision von keinerlei praktischem Wert. Sie macht nicht reich – bereichert aber den Geist. Sie verleiht einem keine besonderen Kräfte, befähigt also beispielsweise nicht zum über dem Boden Schweben, geht aber mit größerer Leichtigkeit einher. Die Gedanken anderer Menschen können wir dann immer noch nicht lesen, wohl aber den illusorischen Charakter unserer eigenen besser verstehen.

Als ich kurz nach den Erschütterungen vom 11. September 2001 einen gleichgesinnten Kollegen anrief und ihn fragte, was er denn darüber denke, antwortete er: »Ich gehe jetzt raus und mähe den Rasen. Das Gras wächst ja weiter.«

Wir müssen immer noch den Rasen mähen, uns um die ganz normalen Alltagsdinge kümmern. Doch während das Schauspiel weitergeht, klammern wir uns nicht mehr an unsere Rollen, sondern stellen uns manchmal auch auf dem Balkon und genießen das Stück.

Aus dem Traum erwachen

Wie viele Jahre war jener Dan Millman herangewachsen und hatte darum gekämpft, »jemand« zu werden. (...)

Nun werde ich wieder »Dan Millman« spielen. Vielleicht gewöhne ich mich sogar daran – für die restlichen paar Sekunden Ewigkeit, bis auch das vorbei ist. Jetzt aber weiß ich, dass ich nicht nur ein isoliertes Häufchen Fleisch und Knochen bin, sondern Teil der ganzen Welt. Und dieses Geheimnis macht den ganzen Unterschied.

Mir fehlten die Worte, um den Effekt dieses Wissens zu schildern. Ich war einfach aufgewacht.

Ich war endlich erwacht für die Wirklichkeit, frei von der Suche, frei von der Frage nach dem Sinn. Was hätte ich noch suchen sollen? Alles, was Socrates mir je gesagt hatte, war mit meinem Tod lebendig geworden. Dies war das große Paradox, der große Witz und die große Veränderung. Suche, Leistung, Ziele – all dies war gleich vergnüglich und gleich unwichtig.

Neue Energie strömte durch meinen Körper. Ich floss über vor Glück und meinte zu bersten vor Lachen. Es war das Lachen eines grundlos Glücklichen!

(...)

Ich hatte den Verstand verloren und – war in mein Herz gefallen. Die Pforte hatte sich schließlich aufgetan, und ich war blindlings hineingestolpert, lachend, denn auch dies war ein Witz. Es war eine Pforte ohne Tor. Wieder nur eine Illusion, wieder nur ein Gleichnis. (...) Der Weg würde weiterführen – ohne Ende. Jetzt aber war er voller Licht.

Als ich diesen Abschnitt, einen der letzten des *Pfades des friedvollen Kriegers*, jetzt noch einmal las, war ich ein weiteres Mal versucht, ganz auf einen Kommentar zu verzichten, nur Leere zu lassen, eine ganze Seite Zen-Raum. Denn was wäre dem eigentlich noch hinzuzufügen?

Ich brauchte viele Stunden der Betrachtung und musste diese Passage immer und immer wieder umschreiben, bis ich schließlich das Gefühl hatte, diese Erleuchtung angemessen wiedergegeben zu haben. Ich hatte dieses Erlebnis nicht im Gebirge. Das Fallen und Wiederaufstehen aber, all die Jahre der Suche und auch der Tod und die Wiedergeburt hatten tatsächlich stattgefunden und brachten all die Worte hervor, die folgten. Sie sprudeln auch heute noch aus mir heraus, denn was ich zu geben habe, sind Worte.

Um noch einmal Ram Dass zu zitieren, der mich schon früh inspiriert hat: »Wenn ich Sänger wäre, würde ich euch ein Lied singen; wenn ich Maler wäre, würde ich euch ein Bild malen. Doch das, was ich zu bieten habe, sind nun einmal Worte.« Und wenn die Worte, mit denen ich dieses Erlebnis beschreibe, etwas in euch berührt, jenes Etwas, das weiß, erinnert und versteht, dann will ich es zufrieden sein.

Seit diesem Erlebnis suche ich nicht mehr um meinetwillen, sondern eher, um neue Wege zu finden, richtigen Einfluss auszuüben, am rechten Platz, zur rechten Zeit – kurz: um zu Diensten zu sein.

Die Erleuchtung wirkt sich auf einen einzelnen Regentropfen aus, der ins Meer fällt. Da dieser Regentropfen und das Meer aber ein und dasselbe sind, scheint mir unser kollektives Erwachen wert, ein ganzes Leben lang danach zu suchen und zu streben. Vielleicht sogar mehrere. Daher schreibe ich weiter und teile mit, was ich zu sagen habe.

Das Paradox der Erfahrung

»Glaub mir, du wirst es wieder verlieren.«
»Was denn verlieren?«
»Deine Vision. Sie ist eine seltene Gnade. (...) Aber es ist nur eine Erfahrung, und darum wirst du sie wieder verlieren.«
»Mag sein, Socrates, aber wen kümmert das?«
(...)
»Wenn es so ist, bin ich mit meiner Arbeit bei dir am Ziel. Meine Schuld ist zurückgezahlt.«
»Wow!«, grinste ich. »Heute ist also Abschlussfeier für mich?«
»Nein, Dan. Heute ist Abschlussfeier für mich!*«*

Jede Erfahrung geht vorüber. Die Intensität der Erkenntnis, ihre Tiefgründigkeit und ihr Ausmaß, die mich im Kern berührt hatten, wurden zu einer lieben Erinnerung, auf die ich zurückgreifen konnte – Wissen, das man sich wieder und wieder durch den Kopf gehen lässt, so, als würde man ein Buch ein weiteres Mal lesen.

Manchmal vergesse ich, dann fällt es mir wieder ein, und dann vergesse ich erneut. Momente des Wachens, Momente des Schlummers. Aufgrund mangelnder Aufmerksamkeit komme ich immer noch gelegentlich ins Straucheln und erlebe Momente der Irritation, wenn ich glaube, die Weltenläufte erkannt zu haben. Aber vielleicht geht dir das ja auch so.

Denn wie sich herausstellt, haben wir vieles gemeinsam, und das war schon immer so. Ich bin wie du, weil ich du *bin*. Wir sitzen alle in einem Boot. Und das ist nicht nur Poesie (oder Prosa), sondern schlicht und ergreifend die Wahrheit. Aufgrund unserer gemeinsamen Basis konnte ich euer Leben berühren. Und weil wir nicht voneinander getrennt sind, berührt ihr meines. Am Ende vermischen sich unsere Geschichten, und das ist dann die Abschlussfeier für uns alle.

Dienstbereitschaft

»Du wirst lehren, und du wirst schreiben. Du wirst ein ganz normales Leben führen und lernen, normal zu bleiben in einer verrückten Welt, der du nicht mehr richtig angehörst. Bleibe normal, nur so wirst du anderen helfen können.«

Der Pfad des friedvollen Kriegers entstand aus meinem Bedürfnis, mich und etwas mitzuteilen. Aus diesem ursprünglichen Impuls heraus sammelte ich Erkenntnisse über das Wesen des Denkens, der Wirklichkeit, des Lebens. Sollte ich über ein gewisses Talent verfügen, mich auszudrücken, so hat es sich aus dieser ursprünglichen Leidenschaft und aus der Lebenserfahrung entwickelt, die sich daraus ergab. Weil ich mich ganz dem Lernen um anderer willen widmete, glaube ich, konnte ich mich besser öffnen und wurde an höhere Quellen der Weisheit geführt, als es vermutlich der Fall gewesen wäre, wenn ich nur für mich hätte lernen wollen.

Heute lehre ich, wie Socrates es einst vorhersagte. Aber ich trage keinen Talar oder hocke wartend auf irgendeinem Gipfel herum. Ich bereise die Straßen der Städte und die Dorfanger, berühre die Menschen wie ein sanftes Windchen und lasse ein leises Wispern zurück. Ich bin nicht anders als ihr – denn im Grunde bin ich nur euer Herz, das zu euch spricht.

Zum Epilog:

Lachen im Wind

Da alles nur eine Erscheinung ist,
perfekt so, wie es ist,
und nichts mit gut oder schlecht zu tun hat,
Zustimmung oder Ablehnung,
kann man genauso gut in Lachen ausbrechen.

Long Chen Pa

Weckrufe

Noch immer lebe ich ein normales Leben, mit normalen all-
täglichen Pflichten. Ich würde mich daran gewöhnen müs-
sen, ein glückliches, nützliches Leben zu führen in einer
Welt, die sich bedroht fühlt durch jemanden, der sich für
kein Problem, keine Suche mehr interessiert. Ein grundlos
glücklicher Mensch, so erlebe ich, geht den Leuten oft auf die
Nerven.

Das ganze Leben ist Theater. Hat nicht jeder von uns
schon einmal aus lauter Höflichkeit Freude über ein
Geschenk oder auch Mitgefühl angesichts eines Verlus-

tes geäußert, die er (oder sie) so gar nicht empfunden hat? Wir handeln einfühlsam und mit Anstand, übernehmen jeweils die Rolle, die der Situation angemessen ist.

Auch Verstellung gehört zum Leben. Bei einigen dient sie egoistischen Zwecken und ist ausschließlich darauf gerichtet, irgendeinen Gewinn zu erzielen; andere verstellen sich eher aus Freundlichkeit und aus Rücksichtnahme auf die Gefühle und Lebensumstände ihrer Mitmenschen.

Wenn wir einen Punkt erreicht haben, an dem wir das Spiel von Licht und Schatten voller Gleichmut betrachten, lernen wir auch, uns »im Kummer der Welt mit Freude zu bewegen«, um es in den Worten des Mythologen und Schriftstellers Joseph Campbell auszudrücken. Dem einen oder anderen mag diese Aussage gefühllos vorkommen, aber was können wir denn sonst tun? Ein langes Gesicht macht die Welt auch nicht gesünder. In dieser Welt freudvoll zu leben erfordert äußerst viel Mut.

Ich habe gelernt, freundlich und mitfühlend zu handeln, ob mir emotional danach ist oder nicht. Ich habe gelernt, »danke« zu sagen, auch wenn ich im Moment vielleicht gar keine Dankbarkeit empfinde. Auf ähnliche Weise können wir auch mit entspanntem Selbstvertrauen auftreten, obwohl wir eigentlich eher schüchtern sind, oder Angst haben und trotzdem Mut ausstrahlen.

Ein großes Geheimnis kannte Socrates noch: Wir können uns erleuchtet verhalten, ob wir uns erleuchtet fühlen oder nicht. So zu tun, als ob, ist eine Show, wenn auch eine heilige. Im Laufe der Zeit habe ich diese göttliche Verstellung gelernt.

Sie verlangt uns alles ab, was in uns steckt. Es war der Weg, den Socrates eingeschlagen hatte, der *Pfad des friedvollen Kriegers*.

Der Lehrer ist überall

Bevor ich wieder zu meiner Frau zurückkehrte, zu meinem Haus, meinen Freunden und meiner Zukunft, umfasste ich mit den Augen noch einmal die ganze Welt um mich her. Socrates war da. Er war dies alles – überall.

Einige begeisterte Leser des Buches haben mir gegenüber ihr Bedauern bekundet, selbst keinen Lehrer wie Socrates zu haben. Sie verstehen nicht, dass ich den *Pfad des friedvollen Kriegers* eigens geschrieben habe, um ihn mit allen zu teilen.

Wir alle haben schon einmal den Spruch gehört: »Wenn der Schüler bereit ist, kommt auch der Lehrer.« Mit dem Schluss des *Pfades des friedvollen Kriegers* wollte ich darauf hinaus, dass der Lehrer *überall* ist, sobald der Schüler bereit ist. Schaut euch die Berge an, die Flüsse, die vier Jahreszeiten, Ebbe und Flut. Schaut euch die Menschen um euch herum an, eure Beziehungen. In all dem offenbart sich das Geheimnis des Lebens. Achten wir aber auch darauf? Sind wir offen genug, um es zu sehen, zu fühlen, aufgeschlossen genug, die vollkommene Wahrheit des gegenwärtigen Augenblicks zu erkennen?

Wenn ja, gibt es nichts anderes mehr zu tun als die Arme und das Herz zu öffnen und jeden vorübergehenden Moment willkommen zu heißen. Falls diese simple Wahrheit jedoch noch nicht ganz zu euch durchgedrungen ist, bleibt einfach dabei, tut so, als ob, und geht den ganzen Weg über sehr sanft mit euch um.

Zum Schluss

Schenk uns Regen, wenn wir Sonnenschein erwarten;
gib uns Musik, wenn wir mit Sorgen rechnen;
schenk uns Tränen, wenn wir frühstücken wollen;
schenk uns Träume, wenn wir auf einen Sturm gefasst sind;
schick uns einen Straßenköter vorbei, wenn wir auf
Glückwünsche hoffen.
Lieber Gott, spiel mit uns,
dreh uns auf die Seite und stell uns völlig auf den Kopf.

Gebet, Verfasser unbekannt

Jetzt sind wir den *Pfad des friedvollen Kriegers* also noch einmal (durch)gegangen. Dereinst war ich der einzige Protagonist meiner Geschichte, der widerspenstige Held auf seiner Reise durchs Schattenland – mit Socrates als Mentor und Führer an meiner Seite. Inzwischen aber ist mein Lehrer auch eurer geworden.

Jeder von uns ist der Protagonist seiner eigenen Geschichte, die sich allmählich entwickelt. Viele Kapitel sind noch zu schreiben. Wohin auch immer eure Geschichte euch führen mag, haltet die Augen und euer Herz offen. Mit meinen Kommentaren hoffe ich, neues Licht auf den Pfad geworfen zu haben. Während wir den Weg durchs Gebirge weiter emporklimmen, wünsche ich euch allen eine gute Reise.

Anhang

Eine Chronologie in Büchern

*Ein Haus ohne Bücher
ist wie ein Zimmer ohne Fenster.*

Horace Mann

Mein erstes Buch, *Der Pfad des friedvollen Kriegers*, beschrieb die Transformation seines jungen Helden, der ursprünglich ein ganz normales, konventionelles Leben führte, in die Personifizierung einer transzendenten Vision, die viele Leute ansprechen sollte.

Einige Kapital darin hatte ich dem Körpertraining gewidmet. Beim Schreiben stellte sich jedoch heraus, dass sie den Fortgang der Geschichte, die ich erzählen wollte, behinderten. Deshalb warf ich sie raus. Diese Teile nahmen dann aber ein Eigenleben an und wurden unter dem Titel *Whole Body Fitness* zu meinem ersten veröffentlichten Buch. Es erschien 1979 und behandelte das Training von Körper, Geist und Seele. Es verkaufte sich so lala und wurde schließlich in aller Stille zu Grabe getragen, das heißt, war nicht mehr lieferbar.

Als es 1980 »starb«, erblickte mein zweites Buch das Licht der Öffentlichkeit. *Der Pfad des friedvollen Krie-*

gers erschien als Hardcover, fand seinen Weg in einige Buchläden und war dann, wie auch schon mein erstes Werk, einem frühen Tod geweiht. Doch 1984 fiel ein Exemplar Hal Kramer in die Hände, einem Verleger im Ruhestand. Nachdem er es gelesen hatte, beschloss er, es neu herauszubringen. So wurde *Der Pfad des friedvollen Kriegers* quasi wiedergeboren. Von nun an ging's bergauf.

Kurz darauf, 1985, kam auch mein Trainingsbuch in einem anderen kleinen Verlag wieder heraus, und zwar unter dem Titel *The Warrior Athlete*. 1996 erhielt es seinen dritten Titel, *The Inner Athlete*. 1999 nahm es dann als *Body Mind Mastery* seine endgültige Form an.

Nachdem ich 1980 den *Pfad des friedvollen Kriegers* geschrieben hatte, kam ganze zehn Jahre lang kein neues Buch von mir heraus, weil ich nämlich schlicht und ergreifend nichts Neues zu sagen hatte (ein Tatbestand, den viele Leser, wie ich hoffe, ganz erfrischend finden werden). Doch dann kamen neue Erfahrungen, viele Reisen, Mentoren und Meister auf mich zu – eine wahre Geschichte, die ich (unter dem Titel *My Search for Spirit)* in meinem nächsten Buch erzählen werde.

1990 schrieb ich eine Abenteuergeschichte, *Sacred Journey of the Peaceful Warrior (Die Rückkehr des friedvollen Kriegers)*. Die Erlebnisse, von denen darin die Rede ist, spielten sich aber nicht im Anschluss an die ursprüngliche Geschichte ab, sondern sozusagen mittendrin. Wenn also jemand keines der beiden Bücher kennt, mag er vielleicht den *Pfad des friedvollen Kriegers* bis zu der Stelle lesen, an der ich meine Reisen aufnehme, dann die *Rückkehr,* und schließlich den Schluss des *Pfades.* Erforderlich ist diese Reihenfolge nicht, aber chronologisch ergibt sie durchaus Sinn.

Eigentlich hatte ich nicht vor, weitere Bücher zu schreiben. Dann bekam ich aber viele Briefe von Lesern der ersten beiden Bände, in denen es etwa hieß: »Ihre zwei Bücher haben mich sehr inspiriert. Wie aber kann man denn nun all die Informationen, die sie enthalten, auch praktisch anwenden?« Als Reaktion darauf schrieb ich *No Ordinary Moments (Die Goldenen Regeln des friedvollen Kriegers)*, um alles, was ich bis dahin gelernt und erfahren hatte, näher zu erläutern. Es sollte der erste Band einer kleinen Ratgeberreihe werden, die eine umfassende Einführung in das bieten, was ich den »Pfad des friedvollen Kriegers« nenne – praktische Weisheiten für ein Leben mit friedvollem Herzen und kriegerischem Geist.

Wenn ihr die Kraft und die Schönheit der drei Selbste oder den siebenstöckigen Turm des Lebens (das Aufsteigen des Bewusstseins durch die Chakren) näher kennenlernen wollt, habt ihr vielleicht Lust, die *Rückkehr des friedvollen Kriegers* zu lesen.

Wollt ihr hingegen lieber mehr über den Begriff des »friedvollen Kriegers« oder über den Alltag erfahren oder wenn euch interessiert, was ihr in Krisenzeiten tun könnt, lest ihr vielleicht am besten *Die Goldenen Regeln des friedvollen Kriegers*. Dieses Buch enthält auch viele Informationen über Sucht- und Zwangsverhalten und wie man es ablegt sowie Material über den Willen zur Veränderung und die Macht des Glücklichseins.

Wenn ihr Kinder habt, finden sie vielleicht Spaß an zwei Kinderbüchern, die ich Anfang der Neunzigerjahre des vergangenen Jahrhunderts geschrieben habe, als meine eigenen Kinder noch tief in der magischen Welt der Bilderbücher versunken waren: *Secret of the Peaceful Warrior* und *Quest for the Crystal Castle* – von T. Taylor

Bruce wunderschön illustriert und voller positiver Lektionen über Mut und Freundlichkeit.

Wenn ihr euch Klarheit über euren Lebenszweck verschaffen – über die Kernthemen, Hindernisse und Stärken auf eurem Weg und dem eurer Eltern, Kinder, Freunde und Liebsten – und zugleich erfahren möchtet, wie ihr die inneren Hürden nehmen könnt, die zu überwinden ihr geboren wurdet, so findet ihr einige interessante Hinweise in *The Life You Were Born to Live (Die Lebenszahl als Lebensweg)*.

Um die zwölf universellen Gesetze, die jeden Aspekt des Lebens bereichern und leichter machen können, besser zu begreifen, könnt ihr mich und eine alterslose weise Frau in die Berge begleiten *(The Laws of Spirit, Die universellen Lebensgesetze des friedvollen Kriegers)*.

Wenn ihr bereit seid, euch den Schwierigkeiten der zwölf Pforten zum spirituellen Wachstum und der Freisetzung der Aufmerksamkeit zu stellen, werdet ihr in meinem umfassendsten Ratgeber, *Everyday Enlightenment (Die zwölf Entwicklungsschritte des friedvollen Kriegers)*, ein Buch finden, das ein ziemlich tauglicher Wegweiser sein kann.

Und wenn ihr die Geschäftsregeln, von denen Socrates im *Pfad des friedvollen Kriegers* so oft spricht, besser kennenlernen wollt, so findet ihr vierundzwanzig dieser universellen Gesetze zusammen mit einigen Hinweisen auf ihre Anwendung in einem meiner leserfreundlichsten Bücher, *Living on Purpose (Spirituelle Lebensqualität)*.

Wenn ihr gern inspirierende Geschichten über Mysterien und Wunder lest, die Leben verändert haben, habt ihr vielleicht Spaß an *Divine Interventions (Begegnungen mit dem Göttlichen)*, einem Buch, das ich mit meinem Freund Doug Childers zusammen geschrieben habe.

Zwanzig Jahre nach dem *Pfad des friedvollen Kriegers* habe ich als Antwort auf die vielen Fragen der Leser nach Socrates – zum Beispiel, ob er verheiratet war und Kinder hatte, über seine Lehrer und die Erfahrungen, die seinen Charakter bildeten, aber auch seine Kraft ausbildeten und sein Wissen erweiterten – unter dem Titel *The Journeys of Socrates (Socrates. Der friedvolle Krieger)* seine Lebensgeschichte geschrieben, in der es auch um den Wert der Familie und die Suche nach Erlösung geht. In dem Buch schildere ich, wie aus dem Jungen ein Mann wurde, aus dem Mann ein Krieger – und wie dieser Krieger seinen Frieden fand.

2006 schließlich, als der Kinofilm über den friedvollen Krieger in den USA erschien, war schließlich die Zeit für das vorliegende Buch gekommen, in dem ich ein Vierteljahrhundert später versuche, die Substanz des ersten zu erhellen.

Das Buch, an dem ich im Moment gerade arbeite, wird, wie schon erwähnt, den Titel *My Search for Spirit* haben. Es ist ein reiner Tatsachenbericht und handelt von der Geschichte hinter der Saga vom friedvollen Krieger. Ich erzähle darin von meinen Abenteuern mit vier anderen Mentoren, die mein Leben und mein Werk beeinflusst haben – Abenteuer, in denen sich die tiefste Sehnsucht unseres Herzens und unsere gemeinsame spirituelle Suche niederschlägt.

Dan Millman

Die Lebensschule des friedvollen Kriegers

978-3-453-70000-0

978-3-453-70022-2

978-3-453-70071-0

978-3-453-70082-6

978-3-453-70172-4

Dan Millman

Der friedvolle Krieger kehrt zurück

978-3-453-70375-9

Dan Millman

Ein praktisches Handbuch zur Bestimmung und Erfüllung Ihrer persönlichen Lebensaufgabe

DAN MILLMAN

DIE LEBENSZAHL ALS LEBENSWEG

Wie wir unsere Lebensbestimmung erkennen und erfüllen können

Komplett aktualisierte und erweiterte Neuausgabe

Ansata

ISBN 978-3-7787-7550-9

Ansata